女満別図書館（7頁）

まち、ひと、図書館

武雄市図書館（89頁）

剣淵町絵本の館(38頁)

写真上は開館当時
写真右は現在の館

「図書館へ行く道をきいている
あのおじさんは　きっと
好い人にちがいない！」

大空の詩人（永井　叔）

宮城県気仙沼市に行ったときのことです。街中の小さなポケットパークの一角に、石碑が建っていました。草ぼうぼうでしたが、風格のあるりっぱな石碑でした。

「図書館へ行く道をきいている　あのおじさんは　きっと　好い人にちがいない！」

と書かれていました。古いこの石碑に感動したことを思い出します。

図書館というものは、人を育てるために良いところなのだ。そのところを訪ねる人に悪い人なんかいない、ということを大人が、伝えているのでしょう。

図書館が、地域の教育的な風土作りに役立つことや、子どもの教育によいことなど、あらゆることを端的に表現したこの言葉が、古くからあたりまえのように、町の中に存在していたということが驚きでした。すっかり感動した私の中には、以来、「文化的なまち気仙沼市」のイメージは、今日まで定着しているのです。

図書館が街のイメージの中心にあるような街は、文化的な街の象徴としてきわめて魅力的なものがあります。東日本大震災で、壊滅的な被害を受けた気仙沼。きっと文化の町の姿をよみがえらせるでしょう。

生涯学習
まちづくり

図書館が
まちを変える

発展する
生涯学習
都市の姿

福留 強

監修・NPO法人全国生涯学習まちづくり協会

東京創作出版

はじめに

この本は、まちづくりの視点から図書館のあり方を考え提案をしているものです。筆者自身、数多くの図書館を見てきた、といっても、全体から見ればほんの一握りにしかすぎません。しかし全国的な傾向はつかめるのではないかと思います。

図書館は、まちづくりに貢献するものです。「まちづくり」はよき人を創ること。図書館はまさにそのために、最も効果的、具体的な仕掛けということができます。「何はなくとも図書館だけは、充実させておかなければ」と、市民や議会で語っている首長がいたとすれば、それだけで「まちの風格」を感じさせてしまうのではないでしょうか。

図書館に関する専門書は数え切れないほどありますが、「まちづくり」に関連する本はなかなか見当たりません。本書は、いわゆる図書館人が書いたものではなく、各地のまちづくりに関わった筆者が、一般の市民の立場から、改めて図書館の必要性とまちづくりを考えようとしたものです。図書館が地域づくりに役立つということを主張しています。

多くの図書館人は、図書館づくりや、図書館のことを語らせれば何時間でも話は続きます。図書館に関わる人々と数多くの交友がありますが、その共通するところ、熱心で、図書館一筋で、控えめで、心優しく子ども好き。まちづくりの私の仲間たちも使命感を持つロマンチストばかりです。本書は、そうした仲間たちへの応援歌として、まちづくりにも貢献していただきたいという思いもあるのです。

「市長就任で、何から手がけますか」

「私は、何はなくても、まず、図書館を充実させます。なによりも、図書館はまちづくりのスタートですから」――数多くの政策の中から、こう言える自治体は少数ですが、ここに紹介している自治体は、図書館が市民の生活に根付いています。図書館が人を育て、人々が図書館を育てているのでしょう。筆者が出会った図書館の中から（きわめて限られているのですが）、いくつかを事例で考えてみたいと思います。

オリンピック東京決定というニュースが飛び込んできました。前回の国土開発・日本復興をかけた開催とは異なり、今回は成熟・平和のシンボルとして、世界に示すことも大切かな、とふと思いました。国民一人ひとりが人間的に高まり、日本が輝いている姿を、オリンピックの開催と重ねて想像したいのです。その中に、どのまちにも図書館が、ごく日常的に機能していれば……。

日本人の生涯学習の成果が示される時にもなりそうです。

図書館がまちを変える　発展する生涯学習都市の姿　目次

武雄図書館写真提供・ナカサ＆パートナーズ

花と音楽の里

女満別図書館

列車を降りて無人駅の改札を出ると、そこは町のシンボル、図書館（写真下）。

図書館がランドマークになっている町。小さな町ですが、文化の香りと、なんともメルヘンチックで平和な里。北海道大空町（旧女満別町）。住民の自慢は、もちろん図書館です。生涯学習を意識して、その中心に図書館を持ってきた町民の見識が、光っているようです。

●図書館駅　女満別駅

大空町は北海道の北東部の網走支庁管内に

位置し、東は小清水町、西は北見市、南は美幌町、北は網走市と接しています。網走国定公園と阿寒国立公園に囲まれた、人口八千九十一人（平成二十三年六月末日現在）の美しい農村です。

女満別町と東藻琴村が合併して誕生した大空町は、平成十八年三月、女満別空港を擁し、オホーツク空の玄関、網走湖、藻琴山、メルヘンの丘、東藻琴芝桜公園、冬の流氷も合わせて四季の自然が豊かな小さなまちです。

大空町は、女満別空港と基幹産業である農業を軸にした、活気ある町ですが、全国的に知られるようになったのは、女満別町時代からの地域の生涯学習活動が、知られているからでしょう。その代表的な施策が、生涯学習まちづくりとしてまちの看板となっている女満別図書館でしょう。ＪＲ女満別駅の図書館駅が、まちづくりの目玉として広く知られるようになっています。

電車を下りるとそこは図書館。それが女満別駅です。この建物は、まちでもっともメルヘンチックな建物で、まちのシンボルになっています。無人駅ですが、その実態は、北海道でも指折りの図書館なのです。おしゃれな北欧風のレンガづくりの建物には、中央にシンボルの時計塔があるユニークな図書館（無人駅）で、町民の自慢の観光スポットにもなっています。

女満別空港から約十五分、ＪＲ女満別駅を併設した女満別図書館は、平成二年女満別町開基百年の十一月にオープンしました。図書館は、森と湖のほとりに建つ北欧風の瀟洒なデザインで、図書館としての機能以外にも様々な役割を果たしています。

図書館内部の一階は、児童図書コーナー、メルヘンコーナー（絵本コーナー）、ＡＶコーナー（ＶＴＲ　ＬＤ視聴可能）、ヤングアダルトコーナー、雑誌新聞コーナー、新着コーナー、パークゴルフ用具貸出受付（五〜十月）などが設置されています。そして喫茶店、石北本線女満別駅の待合室となっています。

二階には、図書室として、一般書コーナーのほか、女満別にゆかりの女流作家三木澄子、井上明子のコーナーなどがあり、多くの町民でにぎわっています。

「多目的ホール」では、人形劇、影絵劇に適する舞台があり、小さなイベントでは人気を集めています。これは普段は、学習室として開放しています。また、研修室（和室）では、膝を交えた会合や、「赤ちゃん絵本の部屋」としても開放されています。三階には、収蔵庫（閉架書庫）のほか、創作活動や会議などに利用できる工房があり利用度も高いと聞きます。いずれも計画、運営など社会教育の第一線で推進してきた田中元課長などの努力の伝統が生きています。

花と音楽の里宣言

合併前の女満別町は「花と音楽の里宣言」の町で知られていました。「花」は、フラワーでいっぱいの町であり、努力の花開くの「花」、学習成果を意味していいます。「音楽」は、ミュージックそのものですが、芸術、美を愛する心を表すといわれています。これは言い換えれば、いわゆる生涯学習宣言都市と同じ発想です。そのため、女満別町は、様々な事業を実施する、生涯学習の推進でも知られるまちでした。小さな町ですが、全国的な話題の多い町でもあります。たとえば「国際音楽フェスティバル」で、音楽指導者を全国から集める事業や全国唯一の施設としての、「議会議事堂文化ホール」があります。議会議事堂が、音楽ホールにボタン一つで変わってしまう仕掛けは、きわめて圧巻です。全国からの視察者が、感嘆の声を上げる光景が珍しくありません。もう一つの美しいまち、東藻琴村と合併して「大空町」となりましたが、町の勢いはいまも続いているのです。

第1章　いま、図書館に期待が高まっている

1 公立図書館と地域との結びつき

図書館は、図書を貸し出すところであると同時に、生活のあらゆる面に情報の面から地域の発展を支える拠点で、多様な可能性を持っているところです。地方公共団体には、独自の情報収集を行い、まちの現状分析をして、判断し政策立案を行うことが求められています。今日、市民参加が進むなか、市民自ら情報を収集し、地域づくりに対して意思を反映させることが重要となっています。そのためにも、図書館はまちづくりのために必須の施設であるといえます。

情報は今日、インターネットで座したままにして手に入るようになりましたが、収集した情報を掘り下げて解析するには、実際にそれぞれの専門書を複数取り寄せ、手でめくりながら調べる作業は、効率の面からも不可欠です。生涯学習が「学び方を学ぶ」時代であるならば、何よりもまず、図書館を充実させることが、まちづくりをする住民の育成には重要かつ基本的な取り組みであるといえるでしょう。

「図書館戦争」という映画がヒットしました。本を読む権利に対する検閲する側への戦争。奇想天外な本なのですが、ここまで現代人が戦うかは別として面白いようです。「受験勉強」をはじめ「読書週間」など図書館の周囲ではごく当たり前の光景と、規制、統制、検閲などへの抵抗が戦争なのでしょう。こうした映画のヒットで図書館への関心が高まれば、それはそれで大変すばらしいこと、と無条件に喜んでしまいます。

図書館を取り巻く社会の変化

子どもの活字離れが問題視され、読書推進の取り組みの広がりなどにより、市町村立図書館の整備、蔵書の充実など　全国的にはかなりの図書館で努力が進んでいます。そのため学校図書館とともに全国的には、読書推進の傾向もわずかな上向き（平成二一−五年文部科学省調査）が報告されています。

千葉県の事例でも、県民がどこに住んでいようと必要な資料が提供できる体制になりつつあります。なかでも相互協力貸出冊数は、全国屈指の高いレベルにあります。千葉県内の市町村立図書館の状況を見ると、蔵書数、サービス水準も高く、全国的な水準に達しているようです。とはいえ、県内だけで見ると全体の三割の自治体には図書館の設置がない状況となっており、今後の重要な課題とされています。

近年、図書館を取り巻く状況は大きく変化しています。地方分権の推進に伴い、県と市町村の役割を明確にすることが求められています。市町村の役割で住民への直接的なサービスを行い、県はその活動を支援し広域的なサービス・事業を行うものとされています。取り組みの例として、市町村によっては夜遅くまで図書館を開館し、常時サービスできる体制をとっているところもあり、人びとの生活スタイルを考えれば理にかなっているようです。それだけに、図書館にかかわる人々に、頭が下がる思いです。一方、運営者にとって、スタッフの勤務条件等を考えれば、こうしたサービスの提供は実際問題としては厳しいところでしょう。これらの課題を抱えたまま、市民の図書館に対する期待に応えようとスタッフは苦心しているのです。

図書館と地域の結びつき

住民の要求する「本」を貸し出すという行為は、住民がその自治体から間接的でなく直接に恩恵を受ける大きなサービスでもあります。結果として自治体と住民の深い信頼関係が生まれ、ここに住んでよかったと思える結びつきが生まれるといえるでしょう。

これからの図書館には、住民の読書を支援するだけでなく、地域の課題解決に向けた支援も期待されます。そのための具体的な取り組みに必要な資料や情報を収集する必要があります。

すでに消滅した伝統文化資産を、古い図書の中から当時の作品をよみがえらせたグループがあります。「今町べと人形」は、新潟県見附市に古くから伝わった土人形ですが、時代とともにに消えてしまった郷土伝統伝承工芸です。地域の女性たちが、古い文献から作品を研究し、これを復元するとともに、今日的な創作作品まで創り上げました。図書館に幅広い資料収集機能があることによって、こうした伝統文化を継承し、新しい地域文化を創造、発掘することが可能なのです。図書館には、蔵書構成にもよりますが、このように地域特有の機能を持たせることも極めて有効です。

また、住民の課題解決支援には、行政支援、学校教育支援、ビジネス（地場産業）支援、子育て支援等があります。そのほか、医療、健康、福祉、法務等に関する情報や地域資料など、地域の実情に応じた情報提供サービスが必要です。こうしたサービスは、生活において、情報の側面からますます比重が高まっていくものと思われます。これこそ、図書館がまちづくりの中で大きな役割を果たすという証左といえるでしょう。

図書館とまちづくりとの関わりでは、図書館の命である資料の課題があります。例えば蔵書構成などは、まちづくりに影響することが考えられます。そこで地域に関する情報コーナーは、他の自治体の図書情報などを研究し、選書のなかに意図的に整備することも必要でしょう。市民活動に関する的確な情報は、市民の活動をより活発にしてくれるでしょう。タウン誌コーナー、団体等の機関紙、各学校の学校新聞、ＰＴＡ新聞、企業のパンフレットなど、スペースの問題もありますが、出来る限りそろえておくことが必要です。

やすらぎと活力を支え、市民とともに成長する図書館

筆者は、常々、「図書館は人を育てるし、人は図書館を育てる」ものだと考えています。「図書館」を「まち」に置き換えても同じです。

千葉県市原市中央図書館の資料によると、図書館の基本理念として、「やすらぎと活力を支え、市民とともに成長する図書館」と表現されています。図書館は、「市民に身近であること」、「活力を与える場であること」、「市民とともに育つということ」、「図書館は常に躍動している機能体であること」を示しています。さらにこれらを基本目標という項目で見ると、およそ次のような項目が見られますが、他の自治体でも、同様な表現が見られます。

ア．町の情報拠点として市民に役立つ
イ．市民が集い、ともに触れ合い親しむ
ウ．地域や学校との連携を進め、豊かな心をはぐくむ
エ．全ての市民に優しい

など、以上のような点が挙げられる例が多いのですが、これに「まちづくりに役立つ」という項目を加えることもよいのではないかと思います。

四項目の全てがまちづくりに含まれるのですが、やはり、まちづくりにおける図書館の位置づけを明確にし、まちづくりと関係者の意識を変えるためにも、「まちづくりに役立つ」とい

う項目を加えることは必要かもしれません。次の表は、これらの目標が具体的にどのような活動に結びついているか、取り組みの例をまとめてみたものです。

図書館の基本理念と具体的な取り組み

図書館の基本理念	図書館の基本的な目標	具体的な取り組み例
情報拠点	レファレンスサービスの利用促進 特色を打ち出した情報サービス	郷土資料の充実 ビジネス支援サービス 医療・健康情報 行政・図書館情報の発信 図書館資源の有効活用
集い、触れ合い親しむ	図書館の利用促進 利用に関する市民との協働	一般向け各種講座 イベント等の開催 子ども向け親子講座 市民ボランティアの育成連携
学校との連携　豊かな心をはぐくむ	子どもの読書活動の推進にかかる学校等の連携	小中高校図書館、幼稚園・保育園との連携 大学、市内公共施設との連携 市民、地域文庫会との連携 など
全ての市民に優しい	特定の利用者へのサービス さまざまな利用者へのサービス	障害者、子育て世代へのサービス 高齢者，来館困難者へのサービス
まちづくりの中心	生涯学習の推進 あらゆる教育・学習施設との連携 地域活性化に関する情報センター	行政・図書館情報の発信 企業・ビジネス支援サービス 民間・団体活動の情報の拠点

「市原市図書館サービス計画」から参考として作成

2 こどもから大人まで、知の広場として

生活に最も身近にある図書館でありたい

人は何かを知ろうとする場合、まず本を探すに違いありません。図書館はそのための中核的な施設です。生涯学習は、自己の充実・啓発や生活の向上のため、必要に応じて自らに合う方法を選んで、自主的に生涯にわたって行う学習です。生涯学習は、一般に社会教育の延長のように思われていますが、本来は家庭教育、学校教育、社会教育を総合する概念なのです。だれでも、いつでも、どこでも学べる社会は生涯学習社会といわれています。その場合、どの側面（家庭・学校・社会の三つの生活の場）にも対応できるということが、図書館の必須条件です。図書館はそのために最も身近にあることが重要なのです。

図書館は優れて「個人学習の場」です。しかし、一方では、人々をつなぐという新しい役割が求められています。図書館で資料を調査し、吟味し、議論するということもあるでしょう。新しい文献を見出すこともあります。そういう意味では「集団学習の場」でもあるわけです。

そこでは人々がつながり、いわゆるコミュニティ形成の場ともなるでしょう。創年が集まり地域や子どものことを研究している姿もいいものです。

社会教育施設の役割

人々の学習を推進、支援する施設は多様なものがあります。その一つ、社会教育施設は社会教育に関する事業を通じて、市民に教育的・文化的サービスを提供することを主たる目的としています。図書館をはじめ、公民館、博物館などがその代表的な施設です。これらの教育施設では、①学習機会の提供機能　②情報提供機能　③学習相談機能　④施設提供機能　⑤連携ネットワーク機能　⑥交流ふれあい機能　などが施設の基本的条件です。

具体的にこれらの機能について概観すると次のようになります。

ア．学習機会を提供する機能
　学級講座の開催、講演会、研修会などのイベントを通じて学習機会を提供している

イ．情報を提供する機能
　生涯学習教材、学習機会の情報、指導者の情報、イベント情報、施設の情報など学習情報を提供している

ウ．学習相談に対応する機能

エ．施設利用の場を提供する機能
オ．連携ネットワーク機能
カ．交流ふれあい機能
「交流ふれあい機能」は、以上の各機能を達成させながら発揮する機能です。いわば副次的な機能ということができます。このうち図書館は、本を中心にして「学習情報提供機能」、「学習相談機能」を専門に行う施設ということができるでしょう。

社会教育施設の共通の役割として生涯学習全般の支援、「生きがいづくり」「よりよい市民の形成」「コミュニティの形成」などが挙げられます。一般に、社会教育法に表されている施設を「社会教育施設」と呼んでいますが、幅広く捉えれば女性センター、生涯学習センター、視聴覚センター、青年の家、少年自然の家など、数多くの施設も含まれています。文部科学省管轄だけでなく、勤労青少年センター、児童館、老人の家、働く婦人の家、勤労福祉センター、山村振興センターなど、数多くの学習施設があります。これらは文部科学省以外の管轄になっていますが、すべて生涯学習施設として、これに含まれるものです。これらの個々の施設においても、小規模ながら図書室が整備されている場合が多いようです。さらに図書館と併設されている例も見られます。

専門的な図書館としての役割

そのなかで図書館は、図書資料や視聴覚資料などを収集、保存し、こうした資料を人々の学習に提供しています。またこれらを用いた講演会、学習会、集会などを組織することを通して、人々の学習指導を援助する教育施設です。公民館が、「総合的な社会教育施設」というならば、図書館は、図書館資料の貸し出しがサービスの中核となっている「専門的な社会教育施設」といえるものです。

現在、人々の学習ニーズだけでなく、図書館の資料も多様化しています。従来から図書館の中心的な資料であった書籍・新聞・雑誌等の図書資料はもちろんのこと、CD・ビデオ・スライド・テープ等の音声・映像資料、CD―ROMなど電子資料、絵画などの美術資料、さらに図書に関連する情報に至るまで、多くのメディアにわたる資料が収集されています。

図書館は、身近なところに情報があり、学ぶ意欲づくりの最も身近で効果的な施設ということができます。

最近の多くの図書館は、図書館司書の努力によって、一般に利用者が利用しやすいように、あらゆる部面で工夫されているのはよい傾向で、今後さらに青少年に対しては、まず図書館に足を運ぶ工夫が求められます。さらに、子どもの読書ばなれは深刻なものがあり、今日的な課題という指摘もあります。映像文化のなかで育った子どもたちには、活字文化の持つ喜びや楽しみ方を伝える必要があります。

図書館の役割として、やはりもっとも重要で基本的な項目は、図書館法に示される事業です。そこで、あらためて図書館法三条の部分を列記しておきたいと思います。

■図書館の事業（図書館法三条）のまちづくり関連項目

図書館は、図書館奉仕のため、土地の事情及び一般公衆の希望に沿い、さらに学校教育を援助し及び家庭教育の向上に資することとなるよう留意し、おおむね次に掲げる事項の実施に努めなければならない。
①郷土資料、地方行政資料、美術品レコード及びフィルムの収集にも十分留意して、図書、記録、視聴覚教育の資料その他必要な資料（電磁的記録〈電子方式、磁気的方式その他の知覚によって認識することができない方式で作られた記録をいう〉を含む。以下「図書館資料」という）を収集し一般公衆の利用に供すること。
②図書館資料の分類配列を適切にし、及びその目録を整備すること。
③図書館の職員が図書館資料について十分な知識を持ち、その利用のための相談に応ずるようにすること。

④他の図書館、国立国会図書館、地方公共団体の議会に附置する図書室、及び学校に付属する図書館または図書室と緊密に連携し、協力し、図書館資料の相互貸借を行うこと。

⑤分館、閲覧所、配本所等を設置し、及び自動車文庫、貸し出し文庫の巡回を行うこと。

⑥読書会、研究会、鑑賞会、映写会、資料展示会等を主催し、及びこれらの開催を奨励すること。

⑦時事に関する情報及び参考資料を紹介し、及び提供すること。

⑧社会教育における学習の機会を利用して行った学習の成果を活用して行う教育活動、その他の活動の機会を提供し、及びその提供を奨励すること。

⑨学校、博物館、公民館、研究所等と緊密に連携し、協力すること。

読書運動の推進の拠点としての課題

図書館は、市民の、特に子どもの読書推進運動の拠点ですが、以下のいくつかの課題が指摘されています。

ア．図書館と他の施設との連携の課題

イ．市民の学習センターとしての意義を活かす部分
ウ．市民の学習サポートをする職員の専門性の課題など
近年、市民がその活動成果を実践の報告というかたちで出版している例も増えています。ときには各地の情報を収集していることもあります。その収集活動そのものがすぐれた市民活動として評価されています。

家庭教育に図書館が大切

図書館を訪ねる人は、それだけで知性を感じさせてくれます。本書の冒頭で「図書館への道を聞くおじさんがいる……」も、この点を意味しているのでしょう。

子どもの心を育て、母親の愛を増幅させ、市民の知性を高める。この総合的な人づくりの拠点が図書館です。図書館は、人が育てますが、その図書館が人をさらに育てるのです。図書館は子どもから大人までのあらゆる人に開かれていなければなりません

子どもにとっては、「お砂場デビュー」に対して、「図書館デビュー」をさせたい施設でもよいでしょう。いわば家庭教育の深化、発展につながる機会もあるでしょう。その意味でも、「図書館」は十分に生涯学習の最重要拠点になっているのです。

「幼児（0～二歳向け）絵本の読み聞かせ会」などの企画を催す図書館が増えています。多く

は施設も整え、子育て中の母親たちが集いやすい場所になっています。東京都阿佐ヶ谷図書館では、月一回の「赤ちゃんタイム」を実施しています。また妊婦を対象に絵本や育児本の学習会を開催している図書館もあります。

北区中央図書館

平成十三年の「子どもの読書活動推進法」が制定されて以来、このような親を対象とする幼児向けの活動が、広く一般化してきました。さらに施設も、「北区中央図書館」など赤ちゃんから小学生までの専用フロアを整備する図書館もあります。幼児のときから図書館の空気を知っているようにすること、それだけでも、重要な図書館の役割ということになります。

子どもの読書活動

「子どもの読書活動」は、子どもが言葉を学び感性を磨き、表現力を高め想像力を豊かなものにし、人生をより深く生きる力を身につけていく上で欠くことのできないものです（子どもの読書活動の推進に関する法律・平成十三年法律第一五四号）。家庭においても、読書活動の推進が図られる必要があり、公立図書館が一体となって子どもの読書活動を推進し、さらに図書館は「家庭教育の向上」に資することも求められています。

もちろん、図書館はあらゆる人々に開かれているということを忘れてはなりません。たとえば議会議員は、立法や審議、調査などのために多角的に情報を収集し、活用することが必要です。今後、例えば、図書館に、市長のコーナー、議員の研究資料室などがあり、ここでいつも議員の姿を見るようなまち（日本にはきっと存在しないと思いますが）は、きっとすばらしいまちに違いありません。もし国会図書館の自治体版として、議会読書コーナーでも設けてみたらどうなるでしょうか。図書館に足を運ぶ議員と、そうでない議員が明確になるでしょう。議員としては少なくとも日常的に利用せざるを得なくなるでしょう。それは議員に、図書館への関心を常にもってもらうことにつながります。市民にしてみれば、よく図書館で見かける議員は、イメージアップにつながります。まちづくり、国づくりに関する資料の整備充実も進むように思います。

3 学校図書館に幅広い機能を

学校図書館開放の現状と問題点

A市の学校図書館ボランティアに、かかわった女性二人の会話です。

「学校図書館なんて名ばかりです」

「学校図書館司書なんていませんよ。司書教諭をおいてある学校もあるのでしょうが、このまちには一校もありませんよ」

「司書教諭がいても、実際には学級担任などをしているわけですから、実質的に、図書館に関わっていませんし、学校側も気にしていないようですよ」

「こんな大きな都市なのに満足に学校図書館司書なんて、置いているのは一校もありません」

「でも学校支援ボランティアなどで、司書の手伝うボランティアが大勢いると思いますが」

「A市の場合、予算の関係で、十人が六ヵ月は手伝いますが、予算の関係もあって、ボランティアも六ヵ月後は誰もいなくなるのですよ」

「学校長の考えかも知れませんが、図書館に関心を持っている教員の数も、極めて少ないのですね」

「中には、司書教諭もボランティアもいない学校もあります」など、熱心に学校ボランティアとして読書指導に関わったB子さんからは、学校図書館を経験した立場からかなり厳しい評価が返ってきます。学校現場がすべてそうだとは思いませんが、実際に聞いてみると驚いてしまいます。学校図書館がその機能を十分果たしていないという感想が強く残ってしまいます。

もちろん学校図書館の充実のために、行政も国地方公共団体も努力をしています。

島根県の学校図書館への司書配置率は三年間で九九％、という数字があります。学校図書館の努力がうわさになっている島根県の場合。島根県教育委員会の主な学校図書館推進方策が成功し、利用率も高くなっているのです。具体的には、各学校への学校司書、司書教諭を配置していること。授業に使うという図書セット二千冊を全市町村に寄託したこと。学校図書館に関する研修の徹底などで、大幅な成果をあげたことが報告されています。

まちづくりと学校図書館の充実における、TOSSの実践

学校教育でまちづくりに関わる学習は、社会科を中心に実践されています。たとえば、教育方法の研究団体TOSS（教育技術法則化運動）においては、会員の教師たちが全国的に「観

光のまちづくり」「環境のまちづくり」などの授業を実践しています。会員教師たちは地域や教室で、実践・研究し、その成果をまとめ、多くの機会で発表しています。

図書館で関わるまちづくりでは、具体的には、文化の掘り起こしや、観光事業、産業振興のイベントなどであり、それらが学習教材として幅広く研究実践されているのが、ＴＯＳＳの各地の情報収集や研究会での情報交流を見れば、十分に伝わってきます。

（注：ＴＯＳＳ　向山洋一を代表とする教師の教育技術についての方法〈＝指導法〉を提唱する集団、及びその活動で、主に小学生を対象にした指導法が多く、主な指導法として「子どもの事実と教師の実感」を評価基準にし、効果があるとされる指導法を集め、よりよくするための研究を行う活動）

さて学校図書館がまちづくりに関われる側面は、やはり情報の収集と提供になります。その対象は児童、生徒であったり、教師であったりします。学校図書館の指導者（司書教諭等）は、これらに関わる仕事が要求されるでしょう。だとすれば、具体的には市役所、役場などからの情報の収集や、指導者との交流など、学校図書館司書にはその資質を備えることが要求されるでしょう。

あるいはＴＯＳＳの教諭が一人いるだけで、情報の収集法から授業への発展、教材作成、授業展開、評価など、計画的な教育活動が期待されることになると言われています。学校が学校図書館の指導者を置いてないか、機能していないとすれば、計り知れない損失であるともいえるのではないでしょうか。

学校図書館を支えるボランティア集団

学校には学校図書館を置かなければならないことになっています。（学校図書館法三条）その学校図書館には、もちろん司書教諭が必要です。子どもの読書指導、レファレンスなど的確な学び方を援助する司書教諭ですが、市民活動、学校で「まちづくり活動・教育」に関わるとすれば、身近なところに情報があり、的確な支援者・ボランティアがいるということが大切です。学校で図書館ボランティアをしている人は、全てに精通しているわけではないですから、内容によっては、おのずから限界があります。まちづくりに関する学習では、さらに司書教諭とともに研修が必要です。そこで、ボランティアだけでなく現場の教師に対し、まず図書館事業の啓発・情報の提供が必要でしょう。ボランティア自体も、読み聞かせなど、授業の一部を任される場合もあり、専門的な役割も果たさなければなりません。それには研修が不可欠です。担当教師がいて、はじめて効果のあるボランティアになると思われます。

社会教育施設のボランティアの希望者は多いといえますが、中でも図書館は、司書資格を持っている人が手伝っている場合がすくなくありません。特に女性にとっては、図書館が憧れであったと言う女性も多く、事実、読み聞かせや、人形劇など女性の集団が数多くかかわっています。

過疎など不利な状況を克服してユニークなまちづくりを推進している地域は、優れた情報を持っているものです。まちづくりには、有力な指導者や調査マンなどの実践者が必要です。もし十分に条件が整わないにしても、図書館はその役割を果たす拠点になるべきです。しかし図書館があり十分な情報があっても、それを使いこなす人や、技術がなければ意味がありません。図書館の仕事はそういうものです。つまり活用する人を育てることも図書館の役割であり、それがまた、まちづくりそのものであるといっても良いのです。

忘れられない一冊と出会う機会を提供

学校は、子どもの読書習慣を形成していく上で重要な役割を担っています。そのために、子どもが進んで読書に親しむことができる環境づくりが大切です。公立図書館は、学校図書館との連携をさらに強化するとともに、子どもの読書活動に携わる人や関係機関との連携・協力により、子どもの読書活動を推進する役割を担っています。

子どもは「読書量が多い子どもほど将来を見据えている」という調査結果があります。教育現場には、子どもたちが、忘れられない一冊と出会う機会を提供する努力が求められています。学校図書館は具体的に教師が読書指導できる場です。読書の楽しさをどのように伝えられるか、教師に対する期待と責任は大きいと思います。教師の一言で読書好きになる子どもは少なくないはずです。東京都江戸川区は平成二十四年度から公立小中学校で、はじめて「読書科」を正規の授業に組み込みましたが、子どもたちが楽しみにする授業であってほしいと思います。

調べ学習――学校図書館の新聞を活用し、地域へ関心を持たせる

学校図書館を舞台に、教育現場では、今図書館を活用した「調べ学習」が盛んに行われています。これは、学力向上や読書週間につなげることを目指した図書館利用の学習です。

自分で課題を設定して百科事典、図鑑などを活用して調べて発表する授業で、これまでは総合的学習の時間に行われていました。しかし平成二十三年度から配布された小学校の国語の教科書では、辞典や図鑑を利用する「調べ学習」の単元が含まれています。

学校図書館の図書標準を大幅に上回る整備をしている荒川区では、各学校ともに「調べ学習」が活発であり、今後とも学習方法としても重要な手法として大きく伸びることが予想されます。そのためには図書館司書、司書教諭の力量が問われることになるのでしょう。

指導要領には、「新聞の活用」が盛り込まれていますが、学校図書館に新聞がある学校は平成二十二年に、小学校一七%、中学校で一五%と、きわめて少ない状況です。そのため「学校図書館整備五カ年計画」で、全国の全ての小中学校と、特別支援学校に、新聞一紙をおくことになっています。

学校図書館整備計画の一環で、司書の配置などを目的に地方交付税が配分されています。これにより学校図書館も、まちづくりに役立ってくるのではないかと思います。こうした施策が浸透してくれば、司書は、総合的学習の時間をはじめ、国語、社会、理科から美術まで学習に関わることになりますが、特に地域学習については、どの教科においても重要な役割を担えるでしょう。

学校図書館の地域への開放

島根県海士町の中学校は図書館を地域に開放していますが、中学生にまず影響を与えていることが報告されています。一般に、小中学校の図書館の開放もプール、グラウンドと同様に、学校開放の一部です。しかし、学校図書館が開放される例が少ないのは、いくつかの理由が挙げられます。まず蔵書構成が一般に対応できないこと、管理体制が不備であること、司書はじめ図書館を支える人的体制が学校には整っていないことなどがあげられるでしょう。

高校図書館

高校生の五九・七％、中学生の六七％は「読書好き」と答えています。高校生の五六％、中学生の八二％が、一ヵ月に一冊以上の本を読んでいると答えています（独立行政法人国立青少年教育振興機構平成二十四年調査、高校二年、中学二年を対象に調査したもの）。図書館利用の現状から、読書離れ以上に図書館離れが進んでいることを図書館関係者は懸念している様子を伝えています。いわば高校生にも図書館を利用する習慣ができていないことが歴然としています。それにしても、高校生は大学受験で、睡眠時間もけずる生徒がいる反面、都市では、街で遊びほうける生徒が激増し、両極化が激しくなっています。高校生が読書を話題にしている風景は、電車等ではほとんどみられません。車内で勉強する学生も、もちろん大学生も見る機会が減ってきました。車内で若者が携帯電話を手にしている十人を探すのは二十秒もあれば十分、十人に一人程度だけが、本を手にしている読んでいる実態です。

筆者の体験から言っても、これまで図書館が、「自習室」であったような記憶がありますが、これからは本来の図書館機能として読書への回帰を充実させることが必要です。同時に、「探求の場」として、大人になる場として、位置づけられるようにならなければならないと思います。今のところ学校図書館としての高校図書館を地域に開放している例は、そう多くはないと思われます。県立高校が、県民大学と称して県民を対象に市民講座を開設している例がありますす。その場合、受講生の県民のために図書館利用の特典をあたえている程度ではないかと思われます。

緑ヶ丘女子高校の事例

横須賀港を見下ろす小高い丘の上。名のとおりの美しい「緑ヶ丘女子高校」があります。同校の自慢の一つは図書館（緑女図書館《みどじょ》）です。蔵書三万三千冊、絵本コーナーからコミック、雑誌なども充実しているといいます。「読書でステップアップ女性の品格」を目標に、図書館司書教諭、及び担当教師による具体的な計画が見られます。ごく普通に全国各地にある特色を打ち出す努力をしている高校です。

四月のオリエンテーションに始まり、「グリーン・ハートタイム」が、年三回開催されています。指定の図書を元に、ミニ朗読会が開催されています。中高一貫校であるため、中学三年生の活躍も見られます。高三の幼稚園実習に向けて読み聞かせの指導が行われており、高校生たちも地域で活動できる体制を作っており、いわば即戦力になるものと思われます。

伝統の「緑女《みどじょ》図書館ガールズ」という文字が目に付きましたが、いわば図書委員の生徒たち。誇りを持って図書委員の活動を進めている生徒の姿が浮かんできます。同時に、この女子生徒たちを支えている教師グループにも共感を覚えます。

図書館活動に力を入れている学校は、それだけですばらしい学校です。司書教諭の熱意と仲間の協力がなければ、学校教育における図書館活動がうまくできるわけはありません。「読書でスキル・アップ　言葉の力」「図書ガールズトーク」などの単語を見ると、街を見下ろす丘の上の学園が一段と輝いて見えるのです。

図書館を飛び出す活動、地域の魅力を創作民話に

「地域のすばらしさを再発見しよう」と創作民話作り、紙芝居作りをしている高校生のニュースを見つけました。鹿児島県財部高校の生徒たちは、自ら創作した民話や紙芝居をもって地域で子どもや福祉施設等で発表しており、多くの人々の支持を得ています。

この活動の結果、高校生たちは、自分たちを支持してくれる大人や子どもたちに接することによって、地域に誇りを持つようになったといいます。さらに自分の高校のアピールになればと、生徒たちも張り切っています。彼らの作品は民話集として、地域に残そうと計画が進んでいることから、これらの高校生の張り切っている様子が伝わってきます。

図書館から始まり、図書館を飛び出して発展させている高校生。図書館が確実にまちづくりに貢献している姿をみせています。

第2章　事例・まちを活性化した図書館

1 絵本のまち（剣淵町）

――「絵本の里大賞」と映画「じんじん」

「ふるさと創生」資金を絵本の購入に充てたまち。「子どもに絵本を与える会・絵本に関する会」の会員は、なんと当時、約六百名を超す会員が活動しているということを聞きました。それは、いま、「剣淵・絵本の里大賞」として、全国に広がっています

北海道第二の都市、旭川市から北に五十キロ。美しい田園と畑が広がる農村。剣淵町は日本を代表する絵本の町として、注目されている人口三千五百人の小さな町です。

役場、ＪＡ（農協）、福祉センターなどが並ぶ美しい町並みの中心にあるのが「絵本の館」です。昭和十九年建設の役場を改造し、公民館であったところを新しくして平成三年から開館した建物は、瀟洒な絵本のようでした。その後平成十六年にリニューアルし、現在の館として美しく

剣淵町の絵本の館

輝いています。

開館当初は、ふるさと創生資金一億円を活用して一万冊の絵本とともに全国の話題になったものです。もちろんその後の活動も目覚ましく、その代表的なものが「絵本の里大賞」でしょう。こうしたことから。過疎とはいえ、この絵本の館を目指して来る観光客は年間およそ六十万人というれっきとした図書館の町なのです。町内の商店街の軒先には、「絵本の里」のエンブレムが掲げられ、町並みに彩を添えているようです。町民の自主的な動きが、まちづくりをリードしていることが見える町です。

市民力の高さ

学校、役場、公民館、図書館と、「絵本の館」は変遷を経て今は町の中心部にあります。かつて、人口九千人もいた町も、人口減に歯止めがかからず、その対応に悩んでいました。そうしたときに町を訪れた指導者から得たヒントを活かして、まちづくりの核として絵本の町づくりに取りかかったといいます。

フランスの農村風景を思わせるまちの風景に、「剣淵は絵本のまちがふさわしい」と、講演で講師がもたらしたのがきっかけであったそうです。当時、多くの町は剣淵と同じような状況でしたが、こうしたヒントを受けて立ち上がった原動力が剣淵にはあったのです。ここが剣淵が優れている点だと思います。これこそ学習した「市民力」といってもよいでしょう。有志たちによる「けんぶち絵本の里を創ろう会」が結成され、活動を開始しました。

絵本をまちづくりに結びつける

「絵本などで町は活性化できるわけがない」とか、「文化的なことよりもっとするべきことがあるのではないか」、など反対する声も少なくなかったようです。しかし、「けんぶち絵本の里を創ろう会」の会員たちが、絵本の全戸回覧や読みきかせを行うなど、町民の理解を得ようと必死に啓発に努力したのです。この町民の動きを最も理解していたのが、当時の大澤秀了町長だったのではないかと思います。平成三年に国内国外の絵本原画を収蔵する「絵本の館」がオープンしました。

筆者は、絵本の館ができてから、剣淵町長とお会いする機会がありたずねたことがありました。絵本の館にふるさと創生資金一億円を投入したことについて、「これはなんと言っても町民の総意みたいなものですよ」と言われたことを覚えています。

「絵本の里大賞」

筆者が町をたずねたのは、「ふるさと創生」資金を絵本の購入に充てたまち、ということで訪れたのでした。なんと当時、「けんぶち絵本の里を創ろう会」など約六百人を超す絵本の運動にかかわる会員が活動しているということを聞いて、驚嘆したものです。町民の五人に一人は絵本にかかわる会の会員ということを聞いたからでした。昼間は畑でトラクターの男たちが、夜は公民館の絵本の会に出るというのです。そういう男たちが大勢いることに、ロマンを感じましたし感動でした。

平成三年に国内外の絵本の原画を収蔵する絵本の館が開館しました。「絵本の里大賞」も、開館と同時に始まりました。前年度一年間に出版された絵本を作家や出版社に応募してもらい、絵本の館に展示して、来館者に気に入った作品へ投票してもらい、もっとも投票の多かった作品を大賞とするものです。大賞受賞者には、賞金五十万円。副賞として町の農産物三年分を送っています。平成三年にスタートして以来、今では全国に定着しているようです。

映画「じんじん」

絵本がつむぐ親子の絆を描いた映画「じんじん」が公開されました。映画製作のきっかけは、映画俳優大地康雄さんと剣淵との出会いでした（テレビドラマサスペンスで人気を博していた

「刑事鬼面八郎」を主演、など多くの映画出演がある）。たまたま絵本の館で接した読み聞かせに感動した大地さんは、読み聞かせは子どもとの関係を深める格好のメディアであると確信し、のめりこんだのだそうです。剣淵を舞台にする映画を作りたいという大地さんの夢は、町の協力で実現しました。

映画作りには制作委員会を設立し、基金集めから活動が始まりました。大手映画会社が製作するわけではないため、映画上映の計画を平行して進めなければなりません。ロケは、平成二十四年の春から秋にかけて撮影がはじまり、町民約二百人がエキストラで出演しています。平成二十五年三月二十二日、町民向けの製作発表会には、多くの町民が会場を埋めました。感動の涙があったと当時のニュースも伝えています。

「絵本の館」づくりから、映画まで、思えばさまざまな活動で剣淵町は、また一つ絆を深めたようです。「読み聞かせをした時間というのは永遠の宝物ではないでしょうか」と、大地さんはあるインタビューで語っています。

世界中から集められた絵本が、テーマ別に並ぶ「絵本のへや」。女性スタッフの読み聞かせが始まると子どもたちは絵本の世界に引き込まれてしまいます。日常的に見られる光景です。絵本という限られた小さな分野とはいえ、迎えているのは世界の絵本。町民は絵本を通して、さまざまな文化を体験しています。図書館、公民館、絵本、子どもの教育、環境景観づくり、町外からの観光客へのもてなし、等々、町の活性化とともに、学習も深めています。そしてその深化が、さらにまちを活性化させることになります。何よりも大きいのは、町民に育っている「ふるさとへの誇り」と言えるようです。

館内の配置も見やすい

2 矢祭町もったいない図書館（福島県矢祭町）

――図書館が観光地になった

もったいない運動キャンペーンの一環として、全国に図書の寄贈を提案したことで、四十八万冊の本がまちを大きく変えました。そして今度は本を寄贈した人々が、県外からそれらの本に再会するために町を訪れます。今や、図書館詣でが新しい観光の目玉になっています。

矢祭町もったいない図書館の経緯

ＪＲ水郡線東館駅から徒歩三分ぐらいで、中央公民館と併設する図書館「矢祭町もったいない図書館」に到着します。この図書館は、全国から三十万冊近くの図書の寄贈を受け、平成十九年一月に開館したものです。福島県矢祭町では、この図書館を中心として、読書を巡るまちづくりの取組みが注目されています。

「もったいない運動」のキャンペーンの一環として、図書の寄贈を全国に提案したことが、毎日新聞全国版に報道されたことから、寄贈図書が送られるようになりました。本をただでもらうということ、送料も寄贈者負担という発想もきわめて大胆で、奇抜な行動に見えますが、結果は大成功だったのです。矢祭町が、こうした発想をしたのには理由がありました。一つは、全国的になった知名度を生かすことです。二つには、もともと町民の、図書館への要求が高かったことが上げられます。

矢祭もったいない図書館

全国にさきがけて「合併しないまち」宣言をして以来、矢祭町の名前は全国に広がりました。政府が平成の大合併を促進しようと躍起になっている矢先での宣言であっただけに、多くの人々は、その勇気、英断に大きな拍手をおくりました。筆者も、合併には反対であったので大喝采したほうでした。以来、各地からの視察や激励の声が数多く届けられました。マスコミも大きく報道したからです。それらの声をはじめ、図書館に届けられたあらゆる文書等は、今も図書館に整理されています。きっと行政史の歴史的な資料として貴重なものになるのでしょう。

平成十七年十二月、矢祭町第三次総合計画による町民アンケートを実施しましたが、その結果から「町立図書館の開設」という要望が最も多数を占めました。こうした背景から、翌年七月に、武道館を地域開放型交流施設として改築にあたり、「新しい図書館作り」として本格的な図書館づくりが着工されました。

「矢祭もったいない図書館」が、平成十九年一月開館

平成十九年一月、全国の注視と町民の期待など、話題を持って「矢祭もったいない図書館」が開館しました。八月には寄贈図書四十万冊を超過したため受け入れ停止を発表しました。この図書館の特色は、全国の誰でも利用可能なことです。施設は、武道館を改築した開架一般閲覧室（四百三十二平方メートル）と、新築した閉架書庫（一階三百七十三・三六平方メートル、二階二百七十二・七五平方メートル）から成ります。同館は、「図書館法」に基づく公立図書館であり、同法第十条の規定により町が定めた「矢祭もったいない図書館設置及び管理に関する条例」に基づいて設置、運営されています。指定管理者による運営方式を採用しており、指定管理者は「矢祭もったいない図書館管理運営委員会」（以下、運営委員会）で、現在の委員十四人で役割分担をして図書館業務に当たっています。同年十月に「読書の町矢祭宣言」を出し、図書館を「知」の拠点とするまちづくりを推進しています。

「読書の街　矢祭」宣言

矢祭町を、将来にわたって子々孫々に引き継ぐために、町は、「自立できる町づくり」に邁進しています。その将来の姿は、郷土と国の宝である子どもたちの元気な声が聞こえる町であり、社会のために尽くしたお年寄りが尊敬され、安心して生きていける町です。

この事業を成功裏に遂行するためには、郷土を愛し、豊かな文化的教養を培い、責任ある行動をなす自立した個人としての成長と、新しい文化の創造が求められています。

全国から寄贈された四十五万冊余の図書を基に開設した「矢祭もったいない図書館」は、なんといっても「まちの宝」です。この「宝」を活かして「矢祭町読書の日」を設けました。町内の全地域集落集会施設に「矢祭もったいない文庫」を開設しています。文庫に住民が集い、家庭と地域に読書の輪が広がり、地域が文化的にも活性化していくことは、図書を寄贈した全国の賛同者のご厚意に報いることでもあります。これは矢祭町のまちづくりをさらに一歩前進させることでもあると考えたのです。

町では、「読書の町矢祭」を宣言し、以下の事業を推し進めることとして、次のような宣言文を発表しました。

1　全国からの寄贈図書による「矢祭もったいない図書館」は町の大きな財産であり、私たち町民は全国の善意に感謝し、子々孫々に伝えていきます。
2　「矢祭もったいない図書館」を知の拠点とし、町民が書物に親しみ、書物を通して自分で問題解決する能力を身につけます。
3　幼稚園児・保育所児童に読書の楽しみを伝え、瑞々しい感性を育ませるために読み聞かせに取り組みます。
4　児童・生徒が夢を持って逞しく成長できるように学校で朝の読書に取り組み、読書の習慣を育みます。
5　読書を通して家族の絆を深めるために毎月第三日曜日を「矢祭読書の日」とします。
6　赤ちゃんから高齢者まで読書の楽しさや大切さ、心の豊かさを育てていくために、各集会施設に「矢祭もったいない文庫」を開設し、読書を通して地域の人々のつながりを深めます。

平成十九年十月二十八日福島県　矢祭町

図書館ボランティアが創った図書館

全国への「本を送ってください」というアピールに、全国から多くの本が届き始めました。予想をはるかに上回るものでした。そのうち体育館いっぱいになりました。その次はこれらの贈られてきた本を整理する作業でした。町内外から多くのボランティアが駆けつけてくれました。この模様はニュースにもなり全国に流れましたから、さらに多くの反響を呼び、さらに多くの本が届くという有様でした。「当初は整理の仕方がわからなくて本のタイトルを五十音順に並べるという始末でした」ボランティアの一人は、そう語っていました。しかし司書資格を持つ多くのボランティアも参加したことから、本の整備だけはＮＤＣ（日本十進分類法。Nippon Decimal Classification の略。日本で使われている図書館資料の分類法）の基準に則って、整理されるようになりました。現在では見事に整理され、文句なく全国に推奨される優秀図書館に数えられる地位を築いているのです。

子ども図書館司書

「子ども司書講座」は、子どもたちに図書館のカウンターの内側の体験をさせて、子どもたちに図書館に対して関心を育て、読書の喜び楽しみを植えつけようとするものです。全国に先駆けて「子ども図書館司書」をスタートさせました。

町内の四〜六年生の希望者に行われています。第一回は十四名の希望者でスタートしました。図書館職員や指導員などが指導者になり、図書の分類や修理、貸し出しの仕方などを教えています。十二回以上の出席と、自分が読んだ本の感想文を提出し、講座の感想をまとめて提出すれば、町の教育委員会と図書館から「子ども司書」の認定証が授与されています。その取り組みは今では全国に波及しつつあり、全国的な組織が結成されました。この図書館づくりのリーダー高信由美子さんがその代表者に就任されており、発展に期待かかかっています。

図書館が観光地になった

図書館の成り立ちからして話題を集めた上、図書館として知名度が上がったこともあり、町外からの訪問者が連日増えています。この図書館が、矢祭町にとっては大きな観光名所とも言うべき魅力を発揮しているようです。

見学者は県外からが特に目立っています。もちろん優れた図書館活動と成功の様子を学ぶために来訪するのですが、その多くは、図書館利用者でもなく、運営の研究者でもなく、図書の寄贈者となっています。自分が贈った本がどうなっているのか、それらの本に懐かしく出会う楽しみがあるようです。長く自分の書斎にあった本に出会うことは懐かしく、また送り出したわが子にも出会うような気持ちがあるからでしょう。なかには亡くなった身内の図書を贈ったこともあって、その人に会うような気持ちで来た、という人もいるのです。

寄贈者の名前がガラス壁面に掲示

本の寄贈者の名前が、図書館の廊下のガラス壁面に刻銘されています。懐かしい名前を見つけ感動する人、図書館を訪れて涙を浮かべて喜ぶ人。それを迎える図書館にかかわる町民たち。人の心のつながり、やさしさを感じさせる、なんとも不思議な図書館です。

矢祭町に学ぶこと

同人口規模の自治体の図書館書数に比較すれば、おそらく十倍の蔵書数を誇るようになりました。その整理には、まだ数年を要するといわれています。当初、贈られてきた図書の整理に当たっては、町内の司書資格を持つボランティアなどの活躍もあって、現在では見事に整理された全国有数の図書館に成長したのです。

矢祭町の取り組みは全国に紹介されたし、そのことが図書館作りに大きな影響・成果を残したといってもよいでしょう。ただ話題になったから成功したということではないのです。成功するために、いくつかの要素があることを忘れてはなりません。

町民の要望が高かった図書館づくりに取り組んだということが、まず評価されるところです。財政も苦しく、なおかつ政府が進める合併政策に対して、まちの判断で全国に先駆けて反対し、自立の道（案の上、時の政府は町をいじめにかかったといわれていました）を選んだ町に全国からは拍手が起こりました。その上、財政事情が好転しているわけでもないのに、図書館づくりを真っ先に考えた町の姿勢は、今後、長く語り継がれるに違いありません。一般の町村では、まず図書館や教育文化を後回しにするところです。矢祭町の成功は、図書館建設への町民の声を取り入れたことが何より大きいし、それに対応した職員がいたということを見逃してはならないと思われます。

子どもの教育に地域全体で取り組み

図書館づくりは、地域全体の問題ですが、もっとも身近な課題は子どもの教育に対する影響ということでしょう。子どもの教育について地域全体で取り組むということは大きな課題ですし、図書館づくり、地域づくりの効果が期待される積極的な取り組みであるといえるでしょう。町民の自慢が、図書館であるということは、子どもにとっても計り知れない教育的な効果があるのではないかと思われます。大人が図書館を育て、図書館に親しんでいるという風土は、簡単にできるものではありません。

全国的な知名度を利用して、図書の寄付を呼びかけたことは結果的に大成功でしたが、これは対外的な力を頼ってさらに大きな成果を上げるという、したたかさを発揮したからでもあります。また、来訪者も図書館の会員にするという発想も大胆ですし、外部の人材も取り込む積極的な姿勢も功を奏しました。もちろん町外にも貸し出しているわけですから、町民と外部の人で創りあげた図書館ということもできるでしょう。まさに流入人口を増やすという、地域活性化に通ずる発想でもあります。

また、当時の根元良一町長をはじめ、すぐれたリーダーが活躍していることがうかがわれます。館長の金澤さんと話す機会があり、当時の苦労を聞きましたが、町長や、町民の献身的な努力があったことを、淡々と語られました。優しい言葉とはうらはらに、大いに熱意を感じました。

図書館づくりのリーダー高信由美子さんは、後の教育長に就任した方ですが、彼女の積極的な働きかけがなければ、「もったいない図書館」は実現しなかったといわれています。彼女を中心とする多くの人々の努力と情熱が、成功の因であるといえます。官民協働のまちづくりを推進している役場内部を説得し、そして町の人々を説得し、図書館関係者からはかなりの非難を浴びたにもかかわらず、粘り強く、関係者を説得したのです。多くの町民の支持を得て、図書館構想で全国に打って出たのですが、これが見事に成功したのでした。

全国発信で、不要の図書の寄贈を呼びかけた結果、各地からおよそ四十八万冊の資料が寄贈され、予想をはるかに超える多くの善意が寄せられました。今では、本の寄贈も辞退していますが、今でも「ぜひ、本を寄贈したい」という人が絶えないといいます。

当初は、資料整理の手法がわからなかった町民も、ボランティアとして学び、整理、運営に

寄贈を全国から受ける

関わったことから、図書館については誰よりも愛着を持っているというのです。おそらくその気持ちは、誇りとして、また地域に対する愛着として深く根づいているのです。

図書館資料の整理等、ボランティアへの参画が定着しました。町民にとって、もっとも身近で「誇りの施設」が、図書館なのです。ボランティア活動にこれまでかかわった町民は約二百人で、図書館の利用率が単に上がっただけでなく、図書館が生活に身近になったと、多くの住民がいいます。それらの整理、運営や各種イベントに関わったこともあって、自慢の図書館となっているのです。まさに矢祭町のまちづくりに最も貢献したといえるでしょう。

3 子ども読書の町　きら（吉良町）

——町民の書斎として生涯学習を支える

「しかしそこでくじけるな。くじけたら最後だ。堂々とゆけ」「よしんば中道にして倒れたところでいいではないか」と、校門で唱えて登校するのは、読書の町・愛知県吉良町の子どもたちです。

生涯学習宣言のまち

吉良町は、名古屋から電車で四十分。愛知県、三河湾に面する広々とした郊外型の、のどかで豊かな田園の町です。そして歴史と伝統の町で売り出しています。

平成五年十一月文部省の第五回全国生涯学習まちづくりサミット「きら・きら。吉良」を開催しました。以後、生涯学習まちづくりの推進に、町を挙げて取り組み、その成果は、さらに平成六年十一月「生涯学習のまち」を宣言し、広く県内外にアピールするまでに発展していきました。
平成二十三年四月西尾市を含む一市三町が合併して、新西尾市としてスタートしています。新しい市として、新たなまちづくりに全力投球のまちになっています。合併前の吉良町をあえて取り上げたのは、子どもたちに地域の伝統文化を伝えようとする、当時極めてユニークな取り組みをし、それらが子どもたちに着実に根付いていると感じたからです。
吉良町、文部科学省、全国生涯学習まちづくり研究会が共催して「全国生涯学習まちづくりサミット」を開催した平成五年ごろのことでした。当時、筆者はサミットの開催打ち合わせに、何度も吉良町を訪れたことがありました。ある時、子どもたちが登校のとき、小学校の正門で立ち止まり、何事が唱えながら正門を入っていく様子を目撃して驚いたことがありました。

「運命の神様は時々いたずらをする……」「しかしそこでくじけるな。くじけたら最後だ。堂々とゆけ」「よしんば中道にして倒れたところでいいではないか」

尾崎士郎が長男に宛てた遺言の一節です。子どもたちは、毎朝大声で唱えて校門に入るのです。当時の教育長が、「学校ではもちろん、この文言についても、その意味や背景について指導がされていますよ」と述べられていたことが思い出されます。同市の横須賀小学校に、尾崎士郎の「くじけるな」の碑があります。

町民の書斎

吉良町立図書館は、昭和五十九年十月「町民の書斎」というキャッチフレーズで建設されました。図書館運営、特に資料収集にあたっては、三つの特色を打ち出していました。第一に文豪、尾崎士郎に関わる資料を収集すること。第二に、吉良家出身に関するゆかりの人々の著書、資料を収集すること。第三に吉良家に関する図書、古文書を収集整理することにしています。

指定文化財・旧粕谷邸（江戸時代、三河地方の大地主。地場産業の三河木綿の江戸送りの総問屋であった人の屋敷）の一角に尾崎士郎記念館があります。特色は、俳人に関する資料と地域の資料を収集していることです。学校教育で地域の歴史を学ぶ中で出てきたのが、本文の冒頭の、「しかしそこでくじけるな。くじけたら最後だ。堂々とゆけ」「よしんば中道にして倒れたところでいいではないか」の一節なのです。

吉良町子ども読書活動推進計画

吉良町は、平成十九年十一月、文部科学省より「子ども読書の町」の指定を受けています。この事業は、読書の持つ無限の力に大きく期待し、子どもたちの健やかな成長を願い、子どもの読書活動を推進しようとするものです。吉良町では、この計画を推進していくために、次のような大きく四つの目標を掲げることにしました。

総合的な四つの目標について

（1）読書についての理解と関心の普及を図る
読書についての啓発活動を行い、子どものみならず大人を含めた町民に対して、読書活動の重要性の理解と、読書活動への参加を促します。

（2）子どもの読書環境の整備・充実を図る
子どものあらゆる機会とあらゆる場所において、自由に読書に親しむことができるような環境づくりを進めます。

（3）担当職員の資質の向上をめざす
子どもに直接、関わる業務に携わる職員に対する読書活動に関する研修を充実、資質の向上を目指します。

（4）社会全体の推進体制を作る
子どもと本をつなぐ人づくりや、その活動に支援しつつ、家庭、地域、学校がそれぞれの役割を果たし、相互に協力連携を図ることができるような体制作りを進めます。

これらの目標は、行政目標として、きわめて基本的な事柄を、重視しているように思われます。理解を図る研修、生涯学習に関するポイントを明確に意識して、具体的に行政が対応する環境整備、職員の資質向上、推進体制など、最も基本的な目標になっています。

子ども読書の町指定

読書推進運動を展開するためには、単一の組織だけでは展開できません。吉良町児童生徒の「読む・調べる」習慣の確立を図るため、関連する部局、教育機関、団体など、学校、地域、家庭と連携して、町全体で取り組む体制の仕組みが必要です。

そのための機能的な推進委員会が設けられています。全体的な計画、実施の手順や内容を定め連携を図りつつ推進します。それに「子どもの読書の町」づくりボランティアの活動が展開され、さらに、成果の検証などを行います。もちろん推進委員会が共通の意識を持って、活動することが基本です。

吉良町は、子どもの読書活動を地域ぐるみで推進する文部科学省の「子ども読書の町」のモデル指定を受けています。「子どもの読書の町」とは、児童生徒の「読む・調べる」習慣の確立に向け、町民が一体となって読書活動を支援する取り組みのことです。読書の持つ潜在的な教育力に限りない可能性があるものと思われます。本の持っている価値に触れることによって心情が豊かになり、ものの見方考え方が深まっていくといわれています。また、文字による情報の伝達は知識の根幹を成すものです。子ども読書の町は、子どもの健全育成のために地域の実態に合わせて目標設定して、地域ぐるみで読書活動を推進するものです。事業のねらいは次の通りです。

（1）乳幼児期から、高校卒業までを通して読書好きな子を育てる
（2）学校・家庭・地域が連携して読書好きな子を育てる
（3）吉良町　毎月二十日　ノーテレビデー・ノーゲームデーを定める

図書館の有効利用の具体的方策を提示

総合的な推進活動ですから、学校・家庭・地域で総合的に行うものですが、中でも次のような特色ある活動が展開されています。その主なものは次のとおりです。

（1）保育園～高等学校の連携・段階的な読書活動
（2）児童館・児童クラブとの連携など
（3）「子どもの読書計画の策定・実践」

例えば「読書活動についての理解と普及を図る」という目標については、図書館、福祉課、

学校教育課、生涯学習課が、それぞれの具体的な計画を実施しているのです。同様に各目標について総合保健福祉センター、子育て支援課、町公民館、吉良文化広場が、図書館書コーナーの整備、職員の研修、ボランティア養成講座の開催等の具体的な実施計画案を策定しています。

（4）町立図書館・学校図書館のネットワーク化

（5）「きらっ子読書ステップアップ表の作成」

（6）啓発リーフレット、ポスター・チラシの作成配布

吉良町は、歴史的な人物を多数輩出しています。中でも有名なのは、名君といわれながら「仮名手本忠臣蔵」では敵役として描かれた吉良上野介。塩田開発や、治水事業など領民のために心血を注いだということで知られており、地元では名君として、今でも尊敬されています。また、義理と人情に生きた芝居や映画でなじみの「吉良の仁吉」は清水次郎長の元で過ごした人物として人気があります。

もう一人は、尾崎士郎です。新聞小説「人生劇場」で知られています。任侠の徒のロマン的な物語を、社会主義を背景に描いています。これらの郷土の偉人は、今、町の教材として、市民の誇りとして息づいています。そして、これらは基本的に市民の読書活動、図書館活動が背景にあることは言うまでもありません。

4 島まるごと図書館（島根県海士町）
――「ないものはない」宣言の町

「図書館のない島」――不利な条件を逆手に中央図書館と島の各学校を中心に、島の各施設をつないで島を「まるごと図書館」にするという大構想が動いています。

何はなくても、まず図書館

島根県隠岐郡海士町は、隠岐諸島の島前三島のひとつ中の島に位置する人口二千三百十六人（平成二十四年十二月一日現在）の小さな漁村です。「仕事づくりに帰りたい離島」をめざして海士町の山内町長の挑戦は、島全体の取り組みとして大きく動き出しています。なんとまず町がしたことは、「ないものはない宣言」でした。そこからさまざまな取り組みで雇用創出や定住者の増加など成果をあげています。また何はなくてもまず図書館づくり、と考えられたのが、「島まるごと図書館」です。今では、海士だけでなく全国の人々にも勇気を与えているのです。

島まるごと博物館構想

小さな町に住んでいても文化的ににハンディがあってはなりません。そこに住み続ける人たちにとって、たとえ規模は小さくても役立つ図書館がほしい。信頼を寄せられる、元気の出る図書館であってほしい。小さな町だからこそ希望の灯が見えてほしいのです。

住民が地元の図書館を誇りに思えることが、この町に住み続けたいという気持ちを起こさせ、町づくりにつながっていくのです。図書館は住民が日常的に使う身近な施設。それだけに、町の姿勢をダイレクトに実感できるところなのです。

「島まるごと図書館構想」では、町立中央図書館と島の各学校（保育園から高校まで）を中心に、地区公民館や港、診療所などの人が集まる所を「図書館分館」と位置づけています。それらをネットワーク化することで、島全体を一つの図書館とする構想です。島内のどの場所にも小さな本のコーナーを設置しています。

海士町立中央図書館の誕生まで

町立中央図書館の誕生まで（平成十九年〜二十三年まで）の取り組みを見てみると、着実に構想の実現に向けた活動が見られます。

・保育園・小学校・中学校・高等学校図書館の環境整備

・学校における図書館活用教育の推進
・地区公民館分館の開設、港「キンニャモニャ・文化センター」「ひまわりの分館開設」
・図書館事業の推進体制づくり
・人材育成　一般ボランティア・学校・図書館関係者向け研修会等の実施

こうした活動を着実に展開しながら、図書館建設を進めたのでした。

国民読書年にあたり、平成二十二年十月十六日、島に待望の海士町立中央図書館が誕生し、二人の専門の司書も配置されました。これは島にとっては大きなニュースでした。「読書過疎地」から解消されて、身近に本のあるくらしが根づいているのです。役場裏の隠岐総合開発センターには、蔵書一万二千冊で、今までのイメージを一新し、内部を快適に改装、幅広い層が訪れる島の憩いの場となっています。ウッドテーブルコーナーや、カフェコーナー、ガーデンテラスなどを整備して、町民は四季折々の風景を堪能しながら図書館での読書や語らいなどを楽しめます。自然の中でゆったりと流れる時を感じながら、心の贅沢な生活が浮かんできます。

本の宅配便

図書館は、きめ細かいサービスを進めていますが、注目されるのは「本の宅配便」です。中央図書館まで足を運べない高齢者を対象に、本の宅配便（移動図書館サービス）が、島民の心をつなぐ重要な役割を果たしています。具体的には、健康福祉課が地区巡回する「健康相談」にあわせて、「移動図書館サービス」を行うものです。返却は、返却ボックスで町内のどこで借りた本でも、最寄のボックスに返却することができます。

町のホームページには蔵書のリストもあり、リクエストに応じて分館まで本が届けられています。その結果、小学生の本の貸し出しは一年で八倍に伸びたといわれています。町の構想は着実に成果を上げています。島の児童は約百人ですから一人が年間に六十冊近く借りたことになります。町民の図書館への関心の高まりとともに、学校図書館の利用が大幅に伸びたのです。町民の図書館への関心の高まりとともに、学校図書館の利用が大幅に伸びたのです。

もう一つの大きな成果は、中学校図書館を一般開放したことです。中学生の利用とともに、町民の利用もあり、このことが生徒たちにも好影響を与えています。毎週金曜日の午後は一般開放なので、そのための、図書館専用の入り口も整備されています。

ないものはない、と言えてしまう幸せ――離島の振興策で成功

「ないものはない」という言葉には、「なくてもよい」「大事なものは総てここにある」という意味が込められているのです。離島の海士には、便利なものはないし、ものが豊富にあるわけではありませんが、自然や郷土の恵み、暮らしに必要なものはたっぷりあると自慢します。「ないものはない」と開き直って、今あるものを十分に活かそうという、島をあげての「挑戦」を

意味しているものと思われます。そして、「ないものはないといえてしまう幸せ」といいつつ、新しい生き方、自分たちに見合う創造的な生活を生み出すような知恵を出そうとしているようです。町民の一体感を感じさせる海士町です。

海士町の人口は、二十代～四十代の都会の生活を捨てて、Iターンしている人は人口の一割に達しています。公務員としては全国最低の給与水準になるほど切り詰めた海士町は、給与カットして得た資金を活用してCAS（瞬間特殊冷凍）導入などによって産業創出に成功しました。さらに海産物のブランド化にも成功したのです。独自販路の開拓は、Uターン者が中心になって「海士いわがき生産株式会社」を設立するなど、全国展開が始まりました。また、総務省の「地域ICT（情報通信技術）利活用モデル事業」にも取り組みました。ITによる「海士と東京の双方向メディア」として都内飲食店にディスプレイを設置し、養殖中の岩ガキ隠岐牛などをみせ、観光客を呼び込むなどの取り組みもしています。

いまや、海士の評判はうなぎのぼりです。テレビでの全国放送などもあって、離島のまちづくりとしてはまさに全国区なのです。図書館もまちづくりのベースにして、学校教育を含め生涯学習全般に配慮した作戦は成功しています。

5 大震災を乗り越えて（宮城県東松島市）

――独自の子ども読書推進計画

市民協働のまちづくりによる都市宣言　「誰もが本に親しむまち」

東松島市は、仙台市の北東にあり、東は石巻市、南は太平洋に面する人口約五万人の小都市です（平成二十五年三月一日）。東日本大震災では、市の約六割が流失・浸水などの大被害を受けました。人々の心の復興にいち早く立ち上がったのは図書館でした。

読書は、日常生活に必要な能力を高めるだけでなく、将来を担う子どもたちにとって人生の可能性を広げる契機となります。本事業は、先人の知恵が凝縮された「本」を家庭や地域に広め、読書が習慣化されるまちづくりを目指すものです。市において中央図書館は、地域、各施設、小中学校、市民（ボランティア・協力者）と密に連携を図りながら、次のような課題にとり組むことにしています。

ア．市民協働のまちづくりによる都市宣言「誰もが本に親しむまち」の周知と推進

イ．東松島市の家庭読書週間の周知と推進
ウ．読書推進の情報発信と各施設との連絡調整（小中学校図書室担当教諭と打ち合わせ）
エ．読み聞かせボランティアの発掘と受け入れ・育成
オ．各施設などからの出前お話会の依頼受付・調整
カ．小中学校の調べ学習支援として、学級文庫の積極的な貸出
キ．読む力の育成として巡回図書の充実（一クラスあたり百冊程度）
ク．親子で読書マラソン・絵本福袋など家庭での読み聞かせ推進事業の充実
ケ．親子で本に親しめる推進事業の実施（図書館祭り・科学遊び教室など）
コ．乳幼児向けお話会の実施
サ．「ママもパパも読み聞かせ」講座開催の検討
シ．親子での図書館利用登録推進の検討（例：乳幼児健診時に図書館利用申請書を配布）
ス．その他子どもの読書活動の推進に関する事項を随時検討

家庭・地域・学校・各施設において、市内のすべての子どもたちに、平等に、いつでもどこでも、本が手に取れる環境整備に努めること、また、本に選ばれる環境から「本を選べる」環境を創り、知識基盤社会へも対応し、市民協働のまちづくりによる都市宣言の「誰でもが本に親しめるまち」を目指す、としています。

東松島市は、六つの「市民協働によるまちづくり宣言」を行っていますが、その一つ、「だれもが本に親しむまち」宣言は次の通りです。

「読書」は、日常生活に必要な能力を高めるだけでなく、将来を担う子どもたちにとって人生の可能性を広げるきっかけづくりになります。先人の知恵と知識が凝縮された「本」を家庭や地域に広め、読書習慣化されるまちづくりを目指します。

これらの目標を達成させるために、学校、家庭、地域の連携を進める機運も必要です。

平成五年、東松島市図書館が、旧谷本町立図書館としてオープンしました。平成十五年一月から旧谷本町内の大塩・赤井・大曲公民館図書室を、図書館電算システムによるネットワークで結んでいます。平成二十一年度から、「市民協働のまちづくり」の観点から、公民館条例が廃止され、市民センター隣、公民館図書室は、市民センター配本所として活動しています。

事業内容のほかに、平成二十年六月から図書館法が一部改正され、第三条（図書館奉仕）の中で、学校教育の支援・家庭教育の向上に資することが盛り込まれたことを受けて、現状では図書館活動としても、これらは活動の大きな柱の一つとして重視しています。

東松島市子ども読書活動推進計画

具体的な読書への取り組み

家庭	・規則正しい生活を読書から
	・「うちどく」への取り組み（家庭で読書）
	・図書館の積極的な利活用
	・ママもパパも読み聞かせ
	・スキンシップに（乳幼児期）読み聞かせ
	・「東松島市家庭読書週間」（仮称）への参加
各施設団体	・園児、来館者（保護者）に本の良さをＰＲして薦める
	・団体利用（１ヵ月間貸し出し）で図書館利用
学校	・地域の読み聞かせボランティア発掘受入れ
	・心あったかイートころ運動（学校読書の日）
	・読書タイム（朝読書など）
	・家庭での読書推進呼びかけ
	・図書館利用（学級文庫、夏休み等利用促進）
	・ブックトーク（特に中学生）
	・学校図書室の充実
地域	・地域で読書推進
	・地域の読み手の発掘
	・読書推進への積極的参加
行政	・学校図書室の充実
	・読書施設の充実
	・「東松島市家庭読書週間」（仮称）制定
	・心あったかイートころ運動（学校読書の日）
	・親子で読書マラソン
	・読書推進の情報発信
	・学級文庫推進（調べる力育成）
	・出前講座（小学校・幼稚園、保育所で開催）
	・巡回読書設置（読む力育成）
	・読み聞かせボランティア発掘受入れ育成
	・乳幼児向け読書推進（健康診査）
	・ブックスタート
	・読み手育成講座開催
	・資源と情報のリサイクル市（図書館祭り）

東松島市子ども読書活動推進計画策定委員会が組織され、「東松島市子ども読書活動推進計画」が策定されています。同市の現状と問題点を分析して、未就学児にかかる読み聞かせの頻度や、図書館利用が全国平均より低いこと、テレビ視聴は長いこと、一ヵ月の読書冊数は、県

平均より低く、不読率は県よりは高い、また保護者の読書に対する関心が低いなど、問題点が浮かびあがっていました。そこで以下の具体的な読書への取り組み計画で、家庭、各施設・団体、学校、地域、行政の各役割を明確にしています。

また、図書の貸し出し目標には、具体的に達成目標を数量化し、次のように示しています。

〈目標〉

未就学児　図書館で借りる未就学児一人当たりの貸し出し冊数
　　平成二十一年度年一〇・九冊　を、二十七年度には　年十五冊に

小学生　児童一人当たり読書冊数、平成二十二年度月六・五冊を、二十七年度には　月八冊

中学生　児童一人当たり読書冊数、平成二十二年度月二・七冊を、二十七年度には　月三冊

公民館配本所からスタート

東松島市では行政と市民が協働で「協働のまちづくり」を推進しています。市民の役割が大きくなる例が多いものですが、市では、平成二十一度年から「公民館」を市民が運営する「地区市民センター」とし、その活動の拠点を柔軟に経営しようとしたわけです。そのこともあり、公民館図書室は「公民館配本所」としてスタートしました。市内には、大塚、赤井、など五市

民センターに配本所を設置して、市民の読書活動を推進しています。また、東日本大震災後は、応急仮設住宅集会室に「小さな図書室」を設置し、大震災に苦しむ住民の支援を行っています。図書館が真っ先に立ち上がって取り組む感じです。

家庭・学校における読書の推進

子どもの読書離れが「書けない」「読めない」などの国語力の低下を招いていたといわれています。その結果、子どもたちが「想像力がない」「コミュニケーションが出来ない」など、心の成長に影響していることなどが危惧されるようになりました。文部科学省は、平成二十三年度の学習指導要領の改訂では、全ての教科に「言語活動の充実」を盛り込み、今後の教育に取り組むようにしています。

子どもが家庭で本を読むようにするためにはなんといっても、親の読書にかける姿勢がもっとも大きな影響を与えるものと思われます。公園デビューと同じように、幼児のうちは図書館を楽しむ姿勢を育てたいものです。いわば「図書館デビュー」というところでしょう。図書館の楽しさを子どもが知るために、家庭における読書が重要です。

そこで平成二十二年度「国民読書年」以降、東松島市では「本」(読書)が市民協働のまちづくりによる都市宣言の中に盛り込まれたことを受けて、「東松島市家庭読書週間」を設け、読書への関心を高める取り組みを行っています。

学校読書の日

また、学校教育においても「学校読書の日」を設定して、子どもの読書を推進しています。読書は、人が人らしくよりよく生きていくための力を育てていく、重要な手段の一つです。読書普及のために、先に紹介したような数多くの事業が行われています。どこでも行われているものですが、それでもいくつかの事業などが目につきました。

・図書館を使った調べる学習を活発化させるために、「図書館を使った調べる学習賞の創設」
・子供向け講座、市内小中学校との連携事業として、学級文庫設置、巡回図書設置
・図書館PR作戦としても注目されそうな「化学あそび」(化学遊びで読書推進)
・ボランティア養成については「ボランティア養成講座」のほか、「図書館まつり」の一環として行う図書館読み聞かせボランティア「おはなしのはなたば」、布絵本ボランティア「フェルト」など。

紙芝居サークル「かちかちかち」や、図書館サポーターズなどが、「誰もが本に親しむまち宣言」成果のために活躍しています。なお、個人では、大山清人さんは、図書館入口で山野草を展示・管理して、市民の共感と話題を集めているようです。そのほかにも活動を続けている人が増え

ているようです。

人気のテレビドラマで、奥松島舞台の「浅見光彦シリーズ・不等辺三角形」の作品に合わせて「内田康夫コーナー」も見られます。

大震災後の市民の絆のために「読書普及活動」

平成二十三年三月十一日。震度六強の地震。その後の津波の高さ一〇・三五メートル。住宅地の六五%が浸水地域になっています。(全体の三七%)、死者一千百五名(平成二十五年五月現在)、人口平成二十三年二月の四万三千百四十二人は、平成二十五年四月には四万三百四十三人と減少しています。家屋被害一万四千五百六十四世帯(流出・全壊五千四百九十九世帯)、流出車両一万一千台、応急仮設住宅約一千八百戸、図書館の被害は一万五千冊以上が床上全壊等で使用不能になっています。


これらの数字を見ただけで、町も図書館も想像を絶する被害を受けたことが容易に理解できるでしょう。

東日本大震災の被災地で、民間団体による図書館活動が活発になっていることが報告されています。公立図書館が被災したのを受けて、子供向けの本を揃えたり、車を活用して移動式で運営するなど、これまで私立図書館の役割を、NPO法人など民間がかなり担っていることが報じられていました。たとえば、東日本大震災の復興に当たって被災地にはさまざまな支援サービスが行われました。例えば、津波の災害に対応して、水没したアルバムや、メモ日記、手紙、記録など多くの生の記録が失われました。図書館はまず、これらの記憶を取り戻す役割を果たしていこうとしています。そこから立ち上がる大勢の人々がいたと思われます。

図書館や博物館は、これらの地域の記録や情報を総合的、集合的に保持するところです。しかしそれらが壊滅状態になった今、改めてその機能の大きさを再認識したことでした。いわば過去から未来への発展のために、図書館の持つ情報の重要性が再確認されたものでした。そしてまず、既存の図書館の復興が大きく役立ったのです。

東日本大震災の復興へ重要な役割を果たす図書館

東日本大震災で大きな被害を受けながら、市民の心の復興のために、いち早く立ち上がった東松島市の図書館では、市民の強い絆を応急仮設住宅集会室「小さな図書室」に、図書館が市民の生活を支えつつある姿を、見ることができます。

市民センター集会室　二ヵ所（蔵書五千冊）

応急仮設住宅集会室　八ヵ所（蔵書約六千冊）

これらの施設に、現在、「小さな図書館」の図書を定期的に入れ替えていますまた、サマーサンタクロース作戦として、東松島市小中学校図書館整備事業では、子どもたちに本を届けようと、震災後の翌年の春に「図書館と学校図書館担当教諭の合同会議」を開催し、東松島市子ども読書推進計画を推進するとともに、連携して図書館サービス等整備を平成二十四年七月～十一月十七日まで行いました。

実施にあたり「東日本大震災　被災地緊急支援」を、公益財団法人図書館振興財団が行っていたところから、備品類・不足の図書館書等の多くの支援を得ています。人的支援としては、以下の内容を学校において実施しています。

・支援された図書の分類・装備（ブックコートかけ）・整理
・蔵書の整理（図書の選書～廃棄）約一万五千冊・受入約一万冊
・蔵書の再分類や整備（補修・貸し出しカード作成・図書館書台帳の整備など）
・蔵書のデータ入力　約四千冊（一校）など

こうしたことで整備した学校は十一校になっています。

ICT地域の絆保存プロジェクト（東日本大震災を語り継ぐ）

この事業の目的・意義は、ふるさとの再生（大切な人・ものを忘れない）、震災の体験を風化させない、震災の体験を将来に生かすという目的で、情報を収集し、記録として体系化し、今後の活動、学習等に活用しようとする事業です。

具体的な実施内容として、震災関連掲載の資料（新聞折込チラシ等も含む）を収集整理すること、また被災地域の郷土芸能等の映像収集または撮影、市の被災関連記事のデータ化も実施されています。

（注：ICT　Information and Communication Technology の略で、IT〈Information Technology〉の「情報」に「コミュニケーション」を加え、ネットワーク通信による情報・知識の共有を念頭に置いた通信技術）

体験談を収集

東日本大震災の記憶を風化させず後世に伝えようと市民の被災体験談の収集も進めています。特に、被災体験談の収集（撮影映像化、録音化、当時の写真・動画等収集）などを行っています。生々しい証言はそのまま貴重な図書館資料として、これからの学習に映像や携帯電話のメール通信なども集めます。各資料をデジタル化して一括保存記憶（生の資料）は消えますが、こうして残すことが、今後の図書館の役割として大きな成果をあげることが期待されるのです

アーカイブワークショップ

復興の姿を子どもの視点で撮影。子どもがビデオカメラを使って震災や復興に関する映像を

制作する「キッズ夏休み復興アーカイブ記録・編集ワークショップ」が、東松島市のコミュニティセンターで開催されました。東松島市図書館と独立行政法人防災科学技術研究所 社会防災システム研究領域が共催した事業です。親子の数組のグループで、ビデオカメラの使い方やテーマ設定の方法、取材方法などを学んだ後、各チームのテーマに沿った活動をするなど行動的なプログラムが活力を呼び起こしそうです。

そのほかにも、「十年後の東松島を描こう」という東松島子ども絵画大会の資料が、目に入りました。外部の団体の働きかけで、立ち直る子どもの姿が紹介されています。

図書支援で交流も深まる

被災地を応援する全国各地と地元の交流が、新たな絆を生み出している例も増えています。絆深めるポスター交流を続けている熊本市と東松島市。それぞれの子どもたちをモデルに撮影したポスターは、「子どもの笑顔を集めたポスター」として好評です。東松島市図書館の加藤孔敬副館長のコメントを、新聞で次のように伝えています。「震災や本を通して子どもたちが相互に理解しあうことで、絆が強まります」

6 町じゅうミュージアムの拠点（滋賀県愛荘町）
――びんてまりの館

エコミュージアムは、町全体が博物館という、まちづくりの手法ともいえるものですが、その拠点として滋賀県愛荘町では図書館を位置づけており、まちづくりの中心に図書館が輝きます。普段着や野良仕事帰りが珍しくない図書館。「まちのこしカード」など、資料の強みが発揮されるところです

「びんてまりの館」と公園及び図書館からなる複合施設

滋賀県愛荘町（人口一万一千八百十八人）は、平成十八年に愛知川町と秦荘町が合併し、愛荘町となりました。彦根市、東近江市と隣接する小さな町です。愛知川図書館は、愛知川中学校に隣接、伝承工芸品の資料館「びんてまりの館」と公園及び図書館からなる複合施設です。愛荘町の町立図書館として、愛知川図書館と、愛荘図書館があり、ここでは愛知川図書館を取

り上げています。
愛知川図書館は、「愛知川びんてまりの館」ギャラリーが併設されていますが、あくまでも図書館が主役といいます。職員九人のうち司書資格者八人。正規職員五人。後は臨時職員というスタッフは、比較的そろっているような気がします。三つの方針を掲げており、

(1) 図書館法に定める趣旨の実現を図ること
(2) 愛知川町総合計画の達成に努め、「いつでも、どこでも、誰でも学べる体制」町中生涯学習の基盤づくりに努める
(3) さまざまな資料、情報提供や資料を介在した交流の場作りに努める

とあり、より積極的にまちづくりに取り組むことが、図書館の方向性として示されています。第三次総合計画のなかの重要プロジェクト「町じゅうミュージアムのまちづくり」では、図書館は、その拠点施設として位置づけられています。

エコミュージアム

エコミュージアムとは、従来のミュージアムが一つの建物の中で完結するのに対して、一定の地域（エリア）に残る様々な遺産（自然、歴史、文化、産業）を現地で整備保存し、全体をミュージアムとして捉える考えがエコミュージアムです。人間の生活環境について探求すると

いう意味で、「生活・環境博物館」とも表現されています。エコミュージアムの目的は、学術、文化、教育を手段としてその地域社会の発展・振興に大きく寄与することです。

行政と住民の力を合わせミュージアムをつくり、運営しようという考えを理念に据え、行政は資金や情報及び専門家を集め、住民は知恵やアイディアを出し合って、一体となって運営していくことが前提となっています。したがって、エコミュージアムは、知識の活用に重点を置く「研究機能」、地域の人材を養成し、地域の仕事や産業の生産成果をあげるための「学習機能」、現地において保存し活用して、その価値を広く伝えていくための「保存機関」という三つの機能を有しているといわれています。「研究機能」「学習機能」「保存機関」の中核に図書館を位置づけているものです。町じゅうミュージアムは、このエコミュージアムの発想と同じようなものです。

まちのこしカード・図書館の事業

図書館は、開館以来、地域の活動に参画しています。役場産業課との共催事業、商工会との協同企画、社会福祉協議会との協賛事業など、多様な事業・イベントに参画しています。単位本を貸し出すだけでなく、図書館がまちづくりにかかわっているという印象は、町民誰もが持っているでしょう。このため、図書館は多面的な資料を収集し提供しています。特に地域の資料については徹底して収集しており、図書館は、地域の情報の受け渡しの役割も果たしています。

図書館では、まちづくりの前提となる地域理解が円滑に達成できるよう、テーマごとに色分けしたボックス一千個が、各コーナーに配架されています。たとえば、中山道関連の七十個のファイル、各企業のコーナーの設置、生活関連支援としての新聞折込、ハローワークの求人情報コーナーの設置、街の自然文化情報を収集するための「まちのこしカード」のコーナーの設置等があります。

地域・行政コーナーでは、郷土史関係の参考図書から町域のレストランメニュー（複製）までそろっています。担当の司書が配置され、常に郷土の情報を収集し、図書館資料として利用者の学習に役立てています。各自治会のコーナーも設置。町内の各自治会の広報誌もあります。「まちのこしカード」は愛知川町内の歴史的、文化的、自然的な地域資源を記録し、地域の財産目録として活用するというエコミュージアムの手法を取り入れたものです。身近な地域の資産の発見・調査情報を利用者が記載し、ファイルに収集保管されたカード情報をいつでも検索できるシステムとなっています。また、市公民館との連携も図られて、地元自治公民館から、町立図書館にも「市公民館便り」が送られるようになりました。

何の変哲もない、しかも当たり前のことのように思われますが、毎月図書館のポストに自治会便りが投函されるようになったことは、比較的新しい図書館側にとっては、地域の人々に、図書館がもっとも身近な地域に認知されたと思った瞬間だったのです。

　地域行政コーナーの一角に、白治会広報のコーナーを設置すると、たちまち各地から資料提供が続いたのです。地域に息づく図書館、生活に近い図書館はこういうものだと思わせる図書館になっているといいます。

7 金ヶ崎まるごと図書館（岩手県金ヶ崎町）

——生涯学習宣言のまち

昭和五十四年日本で初の生涯学習都市掛川市に次ぐ二番目の、「生涯教育宣言のまち」金ヶ崎町は、小さな田園都市ですが、海外にも知られる生涯学習の町です。その発端になったのは図書館づくりでした

わが国で二番目の「生涯教育の町」宣言

東北新幹線水沢江刺駅から車で約二十分。人口一万六千人の小さな田園の町、岩手県金ヶ崎町は、わが国を代表する生涯教育の町として知られています。平成二十三年八月、韓国・日本の関係者を集めて、「第一回日韓生涯学習まちづくりフォーラムｉｎ金ヶ崎」を開催しました。図書館前の「若き立像」、町役場前の「シャツブラウス」（笹戸千津子作）彫像などが目に付く、国際交流と文化の香りを感じさせる町です。

金ヶ崎町は、昭和五十四年六月二十五日、わが国では第二番目に「生涯教育の町」宣言をしました（金ヶ崎町は、生涯学習の推進は行政が責任をもって体系的に進めるという意味で「生涯教育」として、用語を一貫して用いています）。今日まで変わらず活動を続けているのは、まさに日本一と呼ばれている生涯教育体制が町民に定着しているからです。

六月二十五日は「生涯学習の日」

金ヶ崎町の生涯教育は、昭和五十四年、金ヶ崎町民憲章を機軸に、「町民総参加によるまちづくり」を提唱したことから始まりました。

「まちづくりは地域づくり。地域づくりは家庭づくり。家庭づくりは人づくり」であるという方針を掲げ、全ての町民に学習を進めました。そして同時に、「町民と行政の役割分担」を明確にして自治会組織の充実強化を図りました。なかでも、町民からの要望の過去一千六百項目以上を、「行政で進める仕事」「町内会・自治会で自主的に解決すべきこと」「住民、各家庭で実行すべきこと」に仕分けして役割を明確にして、全てクリアしてきました。特に生涯教育の推進では、家庭教育に重点を置くとともに住民の学習を地区ごとに徹底したところに特色が見られます。

金ヶ崎町の生涯教育は、家庭教育に始まり地域に広がるとしていますが、生涯教育のまち宣言から三十年を経過して、六月二十五日を「生涯学習の日」とすることを決めました。これは、生涯学習の日を家庭の日として意味を持たせているようです。平成二十二年から、金ヶ崎町は「家庭教育宣言」「地域子育て宣言」などを行って、家庭教育や教育全体で子どもを育んでいく運動を進めています。

金ヶ崎町の生涯教育は、一行政区に一自治会の組織化を進めており、現在四十七の自治会を基本に実施されています。町内会・自治会活動は、生涯教育の拠点の中央生涯教育センターを中心に六つの地区生涯教育活動と連携を図り、さまざまな事業を展開しています。

金ヶ崎町まるごと図書館のネットワーク

地道な活動を続けた金ヶ崎町ですが、そのスタートは、図書館づくりでした。そして今なお、その認識は変わることなく、まちづくりに活かされています。

金ヶ崎町まるごと図書館

平成十年、生涯学習施設として町立図書館が中央生涯教育センターに接続して新築されました。現在、この施設を中心に多くの読書推進事業等が展開されています。

とくに、「金ヶ崎町まるごと図書館」を合言葉に、身近なところで本を手にできる読書環境の整備に重点を置いています。生涯学習は「学習」という以上、「読書」は最も重要で基本的な活動です。古くから、金ヶ崎町の図書館活動は県内トップと言われてきました。生涯教育の町宣言の前から読書活動の推進には定評がありました。読書運動、貸出率など県内では図書館の町としても評価が高いのです。

一日図書館員　「ひとに優しいまちづくり賞」にも貢献

金ヶ崎町立図書館では、中高生の図書館への関心を高める目的で、平成十年度から「一日図書館員」としてボランティア養成事業が行われています。また、学校との連携を図りながら図書館ボランティアを募集しています。活動内容は、新聞製本・カバー張り、貸し出し返却業務補助、書架整理、お勧めの本選定などを作業内容として、ボランティアの場を提供しているものです。年間二回、六人のボランティア生徒たちには、貴重な体験の場となり、成果をあげています。参加した生徒たちにも素晴らしい評価を得ています。

こうした数々の活動が評価されて、図書館については「第三回岩手県ひとに優しいまちづくり賞」も受賞しています。

「エミリー・ディキンスン資料館センター」

アメリカ最高の女流詩人・エミリー・ディキンスンの資料館「エミリー・ディキンスン資料館センター」が、町立図書館内に併設されています。彼女が金ヶ崎町の姉妹都市アマースト町の出身であったことから設置したものです。「日本エミリー・ディキンスン学会」から、資料の起草を受け、それらの保存・公開・貸し出しを行っているものです。

また、平成二十三年度十月に開催した「エミリー・ディキンスン資料センター開設十周年記念大会」では、中学生、高校生による英語の詩の朗読を行うなど、さまざまな形で、米国文化社会との世界を発信しています。

8 まちづくりに機能する話題の図書館

まちづくりに機能する話題の武雄市図書館（佐賀県武雄市）

佐賀県武雄市の中心部、高台に向かうところに、話題を呼んだ武雄市図書館・歴史資料館のおしゃれな建物があり、町の活気を創り出しています。ＤＶＤレンタルの会社と、新刊書の書店、カフェの複合施設です。

二十万冊以上あるという蔵書が並ぶ閲覧机はほぼ満杯。図書館は、カルチュア・コンビニエンス（ＣＣＣ）が、市から五年間の指定を受けて指定管理者として運営を任されています。開館時間が、これまでより四時間延長，年中無休となっていること。多くの来客がまちにできたことから、市民は大歓迎しているようです。レンタル会社のポイントカードを図書館利用カードとして使える上、一回の貸し出しで一日一回三ポイント（三円）がつくというサービスもついています。来館者数は、改装前と比較して五倍。週末には県外からの来館者が約四割を占めているといいます。今では武雄市の観光スポットの様相を見せているようです。

この指定管理はかなり大胆で、思い切った発想で図書館、及びその周辺を元気にしている点で、周辺自治体に影響を与え、全国的な話題となっています。宮城県多賀城市でも同様な取り組みを始めました。商店街にとっては、さまざまな影響もあるようであり、武雄方式については、いくつかの課題が残されています。こうした指定管理方式は、今後ますます増加すると予想されています。指定管理の施設としては、民営の特色をいかして思い切った運営も求められているわけですが、今後の検討が続きそうです。まちづくりに図書館が一石を投じたまちとして、注目が集まっています。

貸出し冊数日本一　エキナカ図書館（富山県舟橋村）

日本一面積の小さい富山県舟橋村。人口三千二十二人の村。東京の超高層マンションビル二棟に納まる人口です。面積は日本最小の自治体。三・四七平方キロメートルで、見当としては東京ドームで七十個分です。人口三千人程度の村を目指す村長の思惑とは別に人口は増加傾向にあり、十年間で一・五倍に増加したのです。住宅情報誌には「図書館の町」と紹介されており、全国紙にも紹介された図書館なので見学者もかなり多いことがわかります。

日本一小さい村の、貸出し冊数日本一図書館

富山地方鉄道の越中舟橋駅。改札を出るとそこは図書館の玄関。平成十一年オープンの駅に併設された舟橋村立図書館です。富山駅から約十分と近く、人気があります。「日常生活の中のシンボル」に、さらに「子どもの教育に図書館」を「職員が、子どもや地域に溶け込むのに最もよい場所」と考えた村長の思惑はピタリ。今では利用登録者一万五千人以上になり、貸し出し冊数十二万六千冊。住民一人当たりの貸し出し冊数は、なんと

四九・六冊。日本図書館書協会の調査によると日本全体の平均貸し出し冊数四・九冊ですから、その十倍になります。もちろん、全国一。住民の五倍の登録者というのは村外の人も利用しているということです。三階建て延べ床面積一千五百平方メートルの「エキチカ図書館」は、実は通勤、通学の人も利用しており、まさに村内外の人々の最大の交流拠点として機能しているのです。

転入者で多いのは、子育て中の若い世代です。平成二十四年十月、十五歳未満の年少人口の割合は二二・八％で、富山県内で最も高くなっています。六十五歳以上の人口は一六％でこれも県内最低です。つまり県内では最も若い地域になっているのです。

村長も読み聞かせ

図書館の人気事業の「読み聞かせ事業」では、村長の金森勝男さん自ら読み手になっていることが話題になっていました。村長の本気度と子ども好きな人柄がうかがわれます。「司書など、専門のスタッフにも恵まれているのではないですか」と利用者に聞いてみました。「村長自身が、読み聞かせが好きなんですよ」という、そんな答えが返ってきました。図書館の設立からかかわってきたという高野良子さんという図書館司書係長の名前も活字で見たことがあり、図書館を楽しむスタッフがいるのが強みのようです。

「日本一小さい村」といえば、のどかな里山を浮かべますが、舟橋村は、都市の中の文化コミュニティという感じのするまちなのです。人口三千人を理想とする村が、図書館で活性化していることが実感できる、そういう図書館です。

各地の子ども図書館（岩手・東京・千葉・鹿児島）

東松島市などでは、図書館の本館まで足を運べない人のために、域内各所の応急仮設住宅集会所などに設置された図書館を「小さな図書館」と呼んでいます。従来の図書館利用に加えて、特に幼児から就学前までの子ども及びその保護者を対象に設置されています。図書館の一角を「子ども図書館」と称して設置している場合もあります。

さて、「子ども図書館」としては、国立、公立、私立などあらゆる規模の図書館があります。

国立国会図書館、国際子ども図書館は、平成十二年に国立国会図書館支部図書館として設立されたわが国初の児童書専門の図書館です。また、「東京子ども図書館」は、東京都中野区にある児童書専門の私設図書館で、運営は公益財団法人東京子ども図書館が行っています。「石井桃子かつら文庫」、「松岡享子松の実文庫」、「土屋滋子土屋文庫」が母体となって作られた図書館です。

それぞれの自治体にも、規模の大小はありますが、読書推進運動の大きな柱の一つとして「子ども図書館」が位置づけられているようです。

---

①柏市立図書館――「こども図書館」が新たにオープン

千葉県の北西部柏市は中核市、業務核都市に指定されており、東京のベッドタウンとして人口四十万四千人が住む、商業の中心都市となっています。市北部の柏の葉地域は、大学、研究所、産学連携施設などが集積する文教地区として発展しています。図書館は、柏駅近くにある本館の他に十六の分館があります。平成二十年八月には、就学前の乳幼児と保護者を対象とした「こども図書館」が新たにオープンしています。

平成二十四年に新中央図書館が開館し、図書館本館機能の強化策の一環として、市の行政課題の一つである高齢・障がい者対策や地域における市民（ボランティア）協働事業をはじめました。また、地域・町会単位の郷土史づくりを柱とした地域アーカイブ事業、危機管理対策事業及び市内大学図書館連携事業等のモデル事業を実施しました。マニュアル等を作成したことによって、それらの成果を市民全体に波及させ、市民ボランティアを核として、地域資源を活用した地域図書館サービス（地域課題解決型図書館サービス）を目指しています。いわば全国的モデル事業とすることを意図したものです。柏市の子ども図書館には、多くの読書サークルが関与しており、活気を見せています。

同様に松戸市や、我孫子市でも、中心的な図書館活動を展開しています。

②被災地の子ども図書館

震災で被災した三陸鉄道北リアス線の小本駅（岩手県岩泉町）駅舎に全国から寄付された絵本や児童書をそろえた「子ども図書館」が新設されました。

震災前は、隣接の島越駅（田野畑村）に図書館書コーナーがありましたが、津波で駅ごと流失。地域では、小本駅に子どもの図書館を創ろうと、マスコミを通じて図書の寄付を募っています。駅舎を兼ねた町の観光センターの一室に子ども図書館がオープンしました。

津波で被災した現在は、図書室のない仮設校舎の町立小本小学校の児童たちが学校帰りに利用しています。子ども図書館が被災地に新しい力を生み出しているようです。

③江戸川区立篠崎子ども図書館

江戸川河川敷にある「子ども未来館」に併設、蔵書約四万六千冊。未来館の体験学習「アカデミー」とも結びつく高度な図書館事業もあります。また、季節や行事にちなんだ月替わりの図書コーナーなどが人気です。

④日本一小さな街角　絵本図書館

鹿児島県志布志市。創年市民大学で知られる町です。この町を歩いていて、街角に見つけた小さな図書館。新聞にも紹介されていましたが「路上に小さな図書館」が目につきました。館長は、同市の養鶏家・西岡雅弘、明子さんご夫妻。海外生活が長かったのですが三人の子どものために集めていた絵本を活用したもの。郵便ポスト風の手作り本棚に、約五十冊の絵本が常設されています。近所の子どもや幼稚園児、それに散歩中の大人も借りていきますが、大好評です。アメリカのリトルフリーライブラリー（米国で五千ヵ所以上に設置されているという）が、ヒントになったそうです。

志布志市の小さな図書館

近づいてみると「日本初小さな絵本図書館」の看板がついています。この本棚に刺激を受けて近くの商店街関係者も設置を計画しているというニュースが届きました。

生涯学習で発展する志布志市は、図書館や、絵本、まちづくりなどに関心のある人が現れ、そこからさらに多くの人々が触発される、という好ましい方向に展開し始めたと感じる人も多いようです。

マンガ図書館（漫画・アニメのミュージアム構想）

アニメーション映画の隆盛と並んで、質の良い漫画が注目されて久しくなりました。夢と希望を与える「マンガ」文化が各地で広がっています。

①吉備川上ふれあいマンガ美術館（高梁市川上町）

マンガ文化のまち高梁市川上町。「吉備川上ふれあいマンガ美術館」は国内外のマンガ約十二万冊を所蔵した全国でも珍しい専門美術館です。昭和三十年代後半のなつかしい貸し本時代のマンガから最近のコミックスまで、約六万冊のマンガ展示があり、来館者の人気を集めています。名誉館長は漫画会の巨匠富永一朗氏。富永氏の原画ギャラリーや、市主催のマンガコンテスト「吉備川上マンガグランプリ」の作品展示など、ファンには魅力的な美術・図書館です。

②京都国際マンガミュージアム

京都国際マンガミュージアムは、閉校した小学校の跡地と旧校舎を利用した施設で、京都市と精華大学の共同事業として設立されたものです。ここには三十万点に及ぶ資料があり、このうちのマンガ単行本約五万冊を自由に読めるようにしており、年間三十万人が訪れています。そのうち一割は海外からの観光客。紙芝居小屋や舞妓展、若手漫画家が実際に作画を実演するマンガ工房など多彩なイベントも特色です。ここではワークショップでマンガ作りを体験できるところから、観光施設でもありますが、図書館と博物館の機能を兼ね備えた施設とも言われています。

このほか広島市マンガ図書館のように、一日一千人が利用するものもあります。

第3章　まちづくりから見た図書館

1　まちづくりのめざすもの

図書館が、本来の機能を果たすことはまちづくりにとって、なによりも有効です。加えて、生涯学習に最も必要な社会教育施設でもあります。図書館が市民の生活に根付いていて、活気があるということは、市民の学習意欲も高く、市民性が高いということを意味しているといえるでしょう。逆に、図書館の貧弱なまちは、それ自体、まちのイメージダウンにつながります。まちづくりの視点で、図書館をさらに掘り下げてみます。

ハードは行政、ソフトは住民主体で

いうまでもなく「まちづくり」は、「地域の活性化」をめざす言葉です。その一つの目標は、すぐれた都市を形成することです。まちづくりには都市景観づくりを含めて、いわゆる都市機能を整備することも含まれています。都市計画、交通基盤の整備、都市景観づくり、さらに医療福祉の充実、バリアフリーのまちづくり、防災・防犯のまちづくり、公園等、快適空間づくりなど、あらゆるものが含まれています。

従来のまちづくりは、行政が主体に行うもので、都市計画整備、街路づくり、橋や広場、病院、学校、図書館建設など、もっぱらハードづくりが主体で、公的な施設作りや都市基盤整備がイメージされてきました。さらに、企業の誘致などによって雇用の場を増やし、人口の増加を図ることなどが優れたまちづくりの指標の一つとされてきました。成果が目に見えて、もっとも評価を高めやすいものが、このようなハード整備中心のまちづくりであったといえるでしょう。

したがってこれらを実施するのは、もっぱら行政の主な役割であったのです。しかし、今日、行政が行っている従来のハード主導型のまちづくりは、財政的事情からあまり進まなくなってきました。

地域の活性化は、住民一人ひとりの活性化

住民一人ひとりの活性化とは、一人一人が地域で何らかの役割を果たし、周囲に大切にされていると実感することでしょう。いわば、一人ひとりが生きがいを持つとともに、それぞれ目標を持ち、自らの分野で活発に活動している状況が、いわゆるみんなが元気であり、地域が活性化している状態といえるでしょう。

そのために、例えば、人々の文化的、精神的な面の活性化を図ることも重要な目的なのです。

たとえ人口は多くても、市民意識の低い、単なる住民の集合体では意味がありません。市民の一人一人が殺伐とした都会の中で、人間関係も薄く自己を見失いがちな生活をしているということは、地域が活性化しているとは言えないのではないでしょうか。住民一人ひとりが、いわゆる、みんなが元気であり、活性化することのために、生涯学習の推進はきわめて効果的であることは言うまでもありません。

世話焼き（縁のある）社会づくり

今、大切な、世話焼き（縁のある）社会をつくることが必要なのではないでしょうか。

孤立しているのは高齢者だけではありません。相談相手のいない若い子育て中の母親、就職難にあえぐ若者、こうした人たちに「お節介」を焼くことができるような新しい地縁関係、コミュニティを形成することが必要です。さまざまなまちづくりの課題に挑戦する立場として、たとえば「創年」はそのために最も効果的な役割を果たせるものです。

NHK朝のドラマは、十五分ながら明るい一日の生活に大きな張りを持たせてくれます。これまでの各ドラマの共通する点はいくつもありますが、主役が明るいということ、素敵な高齢者がいること、口やかましくないやさしい母親がいること。そしていつも子どもや周囲をあたたかく見守っているご近所がいて、いつも特定の場所に集まっていること、異年齢の人々が肩を寄せ合い助け合っていること、そしていつも近所の世話焼きやがいっぱいいることが共通しています。これはそっくり現代社会に欠落していることばかりです。ドラマの世界とは言え、いつもほのぼのとした気分になるのはこのためです。地域の大人たちが、世話焼きであることを期待したいのです。今一度、世話焼き人間の一人になりたいものです。たとえば町内会や、自治会はまさに最も身近な社会であり、個性が輝かなければならない場所なのです。

助け助けられるコミュニティ

都市においては市民の連帯感の希薄化が懸念されています。東京では、年間、孤独死およそ四千五百人もいるという事実が、深刻さを示しています。しかし、いまや農村部においてさえ、コミュニティにおける様々な事件が多発しています。これは、市民が、心豊かな人間形成を図ることや、生きがいを持って生きること、そして、より自主的で、自由でかつ責任のある市民性を構築することとともに、助け合う地域づくりをする等の課題に直面していることを示しています。そのためにも、各人が市民として成長し、その学習成果が地域で活かされ、あるいは学び合うことになれば、そこは素晴らしいコミュニティが形成されると同時に、市民の自治能力が高まることが期待されます。これはまさにまちづくりそのものであり、結果的に素晴らしいまちづくりになるのです。コミュニティの形成のためには、一人ひとりが助ける助けられる関係を作ることが必要です。そのためにはお互いが自分でできることは実行する、教え教えられる人間関係、実行が求められます。

歴史上かつて経験したことのない東日本大震災で、わが国は、被災地への、あらゆる世代の国民からの応援で、世界各国から賞賛される結束を見せました。「絆」という言葉が、あらためて日本人の心に響きました。おそらく、日本はさらによみがえり、活気を帯びることと思います。住宅、町並み、港、道路、病院、など目に見えて「形の復興」はするでしょう。しかし、もっと重要なのは「心の復興」です。地域に対する、いわゆるコミュニティ形成ということができるでしょう。

2 市民が主役のまちづくりの意義

ひらがなで「まちづくり」という場合、全ての人が、まちに関わるという意味を表します。今、「生涯学習のまちづくり」の運動が発展し、市民の学習と市民活動を通じて「まちづくり」の本来の意味がやっと理解されてきたように思われます。自分たちが住む町を、行政と協力して創造していく市民参加のまちづくりは、生涯学習の中心課題です。その町に住んでいてよかったと言えるまちづくりは、学習した市民の高まった市民性、郷土愛によって成就するものです。

市民参加による生涯学習のまちづくりとは、ふるさとを魅力あるものにするために市民が自発的で多様な学習活動の成果を、家庭や地域に還元して総合的に進めていくことです。まちづくりは、行政だけの仕事ではなく、優れた市民の学習が「まちづくり」に直結していることを示しています。各個人が地域やまちにかかわり、人間の生き方を投入することによって成長し、生きていくことも示しています。「まちづくり」は「市民が主役」ということであり、子ども、女性、高齢者を含めて全ての人々が、まちづくりに参画できるということを意味しています。

具体的なまちづくりの目標

行政による「公助」と市民による「自助」、そして双方が支えあう「共助」の意識を高める必要があります。いわゆるコミュニティの力であり、大都市におけるまちづくりの目標の一つ

まちづくりの主な目標	具体的な内容
1）美しい環境づくり	①清潔で自然が確保された美しい景観 ②自然がいっぱいの美しい環境 ③森、田園、花いっぱいなどが工夫されている
2）生活の安定	①地域内に産業を起こし、はたらきの場の確保 ②中心市街地などの賑わいや人々の交流の場づくり ③雇用の場があり安定した収入が確保される
3）安全で快適な環境づくり	①公害や環境汚染・災害の防止を図ること ②犯罪や社会的病理を予防 ③静かで交通安全な場
4）健康で安全な生活環境づくり	①健康を守れる環境施設が整備されている ②健康・スポーツ等が楽しめる環境 ③市民の健康に関するサポート組織
5）文化的な生活の場をつくる	①市民として自覚し成長してゆく生涯学習を行うこと ②学習の場と機会が用意されている ③芸術文化を楽しみ享受できる環境
6）優れた人間環境、コミュニティづくり　郷土愛	①高齢者、身体障害者など孤独な人々を支援すること ②バリアフリーのまちづくり ③市民組織が充実
7）教育的で人を育むまちづくり	①まちづくりは人づくり ②青少年健全育成 ③町全体で生涯学習できる環境づくり

「生涯学習まちづくりの方法」日常出版

の典型でしょう。多くの自治体のまちづくりのソフトにあたる活動を前ページに分類しました。そのほかにも地域独自の目標を掲げることもあり、これらの目標達成のためには、その全てに、「現状の把握」、「現状の分析」、「課題化」、「目標の設定」という実行すべき手順があります。そしての全ての領域において、必ず図書資料の活用など図書館の役割があることは言うまでもありません。

事例・読書シティむらやま（村山市立図書館）

山形県村山市では、読書をまちづくりの基点において、平成二十二年に「読書シティむらやま」を宣言し、町の賑わいを創出しています。村山市立図書館は、村山市総合文化複合施設「甑葉《しょうよう》プラザ」一階に設置されています。

また山形県村山市楯岡銀座商店街や、楯岡中央商店街の「甑葉プラザ応援団加盟店」の店では、図書館利用カードの提示で店によりさまざまなサービスが得られることになっています。いわば図書館がまちづくりに大きく関わっているのです。

図書館利用者カードの提示で、料金の割引や粗品を提供する加盟店に約四十店以上が参加しています。図書館の広報等が店舗においてあるなどの相互の連携が図られています。

現在のカード発行者数は約一万一千人に達しています。なお、カードは、市外の人も利用できることもあって、商店街の誘客にも貢献していると報告されています。このような図書館利用者カードを活用し、訪問客を商店街に誘導するねらいは、全国初の試みです。

多彩な図書館イベントも、図書館活動を活性化しています。代表的な事業として、四つの特色をみてみます。

①「全国読書川柳コンクール」は、読書や図書館に関する川柳を募集、約六千点の応募がありました。②「はじめの一冊」は、小学生新一年生に、名作や話題作二十冊のなかから希望の一冊をプレゼントするというものです。同時に、子どもたちには絵本バッグ（小学生）、記念ブックケース（中学生）が贈られています。③「プレママの手作り絵本教室」は、生まれてくる赤ちゃんのために世界で一冊の愛情のこもった絵本作りを学ぶという講座です。若い女性の参加が目立っているようです。④「夜の図書館」は、季節に一度、二十一時半まで図書館の照明を落として、ソフトドリンクなどを楽しみながら雰囲気を変えた図書館を楽しもうという事業です。

3 生涯学習のまちづくり

生涯学習のまちづくりは、基本的に人々が充実した人生を目指して、生涯の「いつでも」「どこでも」「誰でも」学習することができ、そして、その学習成果を地域社会において適切に評価されるような「生涯学習社会」を目指して諸条件を整備していくことです。そのためには、行政が施策として、市民の学習を通じての生きがい作りの支援や町との連携・協力による支援体制作りなどを進めていかなければなりません。

また、一方では、そこに住む市民が主役となり、地域にある諸課題（たとえば健康の増進、独居老人の課題、人権や福祉の高揚、青少年の健全育成など）に主体的に、そして連帯感の中で関わっていき、自分の持っている知識や技能を役立て、住民同士で力を合わせたり、思いやりと活力に満ちたまちづくりに努めていくことが必要です。

学びやすい環境とは、例えば学習施設が整えられ、魅力的な運営がなされ優れた学習機会が提供されていることです。そのためには公民館、図書館、博物館などの社会教育施設が整備され、十分に機能しているということが不可欠です。例えば、モノだけでなく専門的な職員（ヒト）が配置されていることが大切です。もちろん、それらにかかわる市民ボランティアが活動している状態も重要な要素です。こう考えてみると、まず市民に学ぶ意欲があるということが、まちづくりの第一歩であることが理解されるでしょう。

市民が自ら学ぶという学習の内容は、何でもいいのです。市民が自らが選んだ内容で、時間の制限もなく柔軟に学べばよいのです。こうした重要性を認識したまちの中には、一人一学習一ボランティアなどを標榜しているまちもあるほどです。スポーツ、音楽、演劇、絵画、歴史探訪、絵画、絵本作り、写真、環境保護、民俗学など、まち中に多彩な研究を行う人が存在するというだけで、それらの人材が生かされる可能性があり、また広がることになるのです。それらの学習の方法も自由です。決まったものがあるわけではありません。各自が自分に合う方法で、あらゆる場所で、好きなときに行う学習でよいわけです。

千葉県酒々井町の青樹堂

図書館から生まれたまちづくりに関する研究グループの活躍も広がっています。千葉県酒々井町では、公民館講座を総称して「青樹堂」（地元に歴史的に根付いていた寺小屋から命名した講座）があり、「青樹堂師範塾」というリーダー講座があります。なんと入塾試験をして入塾するというユニークな講座です。ここでは徹底した、大人の、いわば調べ学習を取り入れています。これからの成人学習には、自ら研究していくという方式であり、効果的な学習方法といえるものです。当然、調べ学習の拠点として図書館が最大限利用されることになります。

「青樹堂師範塾」は学習意欲のある成人集団ですから、図書館活用が義務付けられた公民館講座となっており、施設を使いこなすことが目標の一つです。筆者もその師範塾を担当していますが、入試のあるユニークな講座で、もっぱら図書館を重要な研究の場にします。入塾には論文審査をして許可するということも変わっていますが、名称が新鮮に聞こえます。ここから多くの人材がまちづくりに活躍することが期待されます。

町の公民館の一室には、「酒々井まちづくり研究所」が、オープンしました。青樹堂で学習する町民で、ボランティアスタッフが集まり、日常的に活動する場となっています。

酒々井プリミエール

市民が主役の生涯学習運動

まち全体で生涯学習を進める条件をつくること、生涯学習を進めることで人々が活性化し、結果的にまちづくりにつながるという生涯学習まちづくりが進んでいます。「生涯学習まちづくり」とは、一言で言えば、まち全体で生涯学習を実践しやすい環境をつくること、ということです。「生涯学習」がまちづくりの目的というわけではありませんが、結果的にまちづくりとして、市民の生涯学習が最大の結果を生むと言われています。生涯学習をすすめることが、町を高めることになり、結果的に地域の活性化につながることになっているからです。

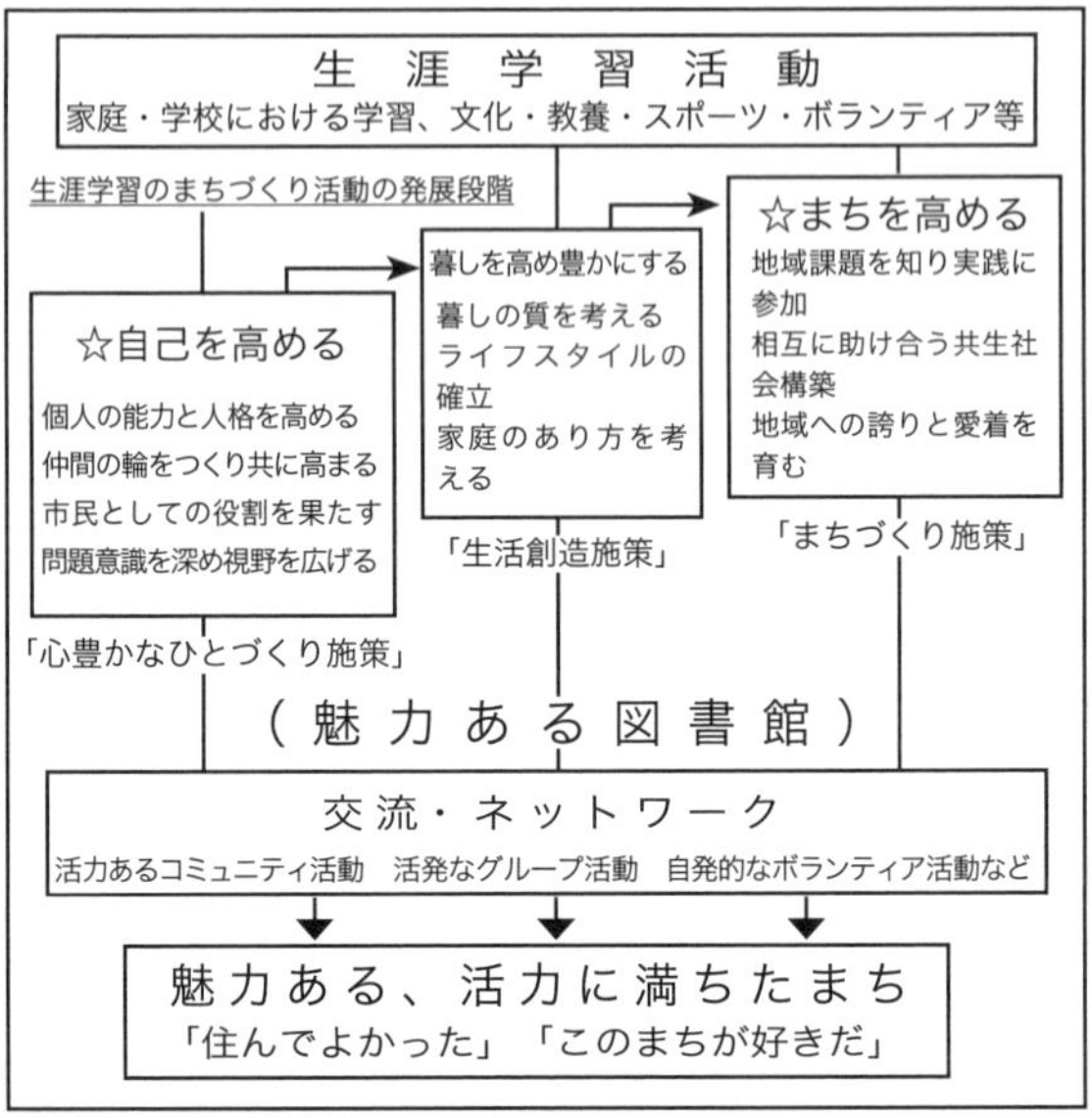

行政と市民が協力して創造していくという市民参加のまちづくりは、生涯学習の中心的な課題です。この町に住んでよかったといえるまちづくりは、学習者によって高まった市民の郷土愛に支えられて初めて成り立つものです。

市民参加のまちづくりは、市民が自分たちの住む地域をより魅力ある町にするために、学習で得た成果を家庭や地域に還元して、地域の未来や課題を自ら考え、情報交換し、系統的総合的に進めることを意味しています。

4 まちづくりに市民が残した学習成果

■事例・十勝大百科事典の記憶

我が家の書棚の中で、大切にしている本を三冊挙げなさいと言われたら、私はまず「十勝大百科事典」を挙げるでしょう。北海道十勝地区「十勝地方の人々三十六万人でつくる」市民運動として、文字通り市民が作った百科事典で、平成五年に刊行されたものです。

事典作りに直接関わった人は執筆者七百十人を含め一千人。さらに多くの産・学・民の連携のもと、六年五ヵ月がかりで作った「十勝大百科事典」は、十勝地方の、自然、歴史、産業、文化、健康、等の八章から構成されています。

百年残る図書館が育んだ市民活動

「十勝大百科事典」の収載項目は二千二百七十、索引項目六千三百、写真、図表一千六百と、大変な作業を纏め上げたものでした。当時、総括編集責任者の辻秀子さんに訊いたことを思い出します。「とうとう、完成しましたが、今の気持ちはどうですか」答えは、「長い苦労が報われて感動しました」という言葉かと思ったのですが、「いや、もう大変で二度とこんなことはしたくありません。もしお金が百万円でもあれば全部買いとってしまいたいです」と。

十勝大百科事典

本音を聞いたつもりだったのですが、意外な答えだったので鮮明に覚えています。六年五ヵ月の活動だったので、途中でやめた人、意見が合わず去った人などさまざまな出来事が続き、心身ともに疲労したということでした。さらに、一年目で原稿が出来上がった人、六年目にできた人、その間にデータに変化があったり社会事情までも激変したというのです。したがって内容として変更したほうがよい箇所もあると思うのですが……。自信を持てるわけではないというのです。なるほど、素人だけで作ったというのが特色でもあったわけですから、全体を見ると大変な苦労があったということは想像に難くありません。「二度とやりたくありません」という言葉に、その重みを十分に感じたものでした。それから六ヵ月。ふたたび、彼女に聞く機会がありました。すると「またぞろ、みんなで何か活動したくなりました」ということでした。

一年後、「以前の仲間に呼びかけて、科学雑誌を発刊することになりその活動を始めました」と。辻さんは、かつてのような元気な姿がよみがえっていました。

十勝大百科事典がまちに残したもの

十勝大百科事典は何をもたらしたのでしょうか。大学等での研究者もいないなかで、手分けした皆さんが通ったのはもちろん図書館でした。はじめのうち、図書館などまるで縁のないという人が多かったようですが、人々は図書館に通うようになったのでした。図書館司書の協力も大きかったと語っていました。

何よりもすごいのは、人々の努力は百年残るということです。それは、まちづくりとして「モノ」を残したわけではありません。「僕のお父さんたちが残した百科事典」「おばあちゃんたちがまちを研究した成果」など、子どもや孫に語り継がれるに違いありません。それは子孫をふくめて地域に大きな誇りを創り出し、文化を築いたのです。

地域について幅広く討議し研究しまとめ、みんなで議論したり、調整したり共同調査したり、学校、図書館、大学などあらゆる機関が協力したことは、まちに一つ目標を創り上げたことでしょう。生まれてはじめての研究や、調査やレポート執筆など、各個人も大きく成長を感じ、自信を持ったことでしょう。大きな渦を作りながら十勝の文化にまた一つ大きな足跡を残したことになるでしょう。

編集した十勝大百科事典刊行会、発行所 北海道新聞社による、数百ページにわたる立派な事典は、大冊でずしりと重いものがあります。これは人々の努力の重みになっているような気がします。私が出会った市民団体、市民活動としてこれほど大きな事業はみたことがありません。人々が、百年残る事業を成し遂げた基礎は、まさに図書館にあったのでした。

身近なところに情報がある

社会教育施設の配置の中で、図書館をどこに位置づけるかは、きわめて大切な事項です。できるだけ市民生活の中心にあり、便利な場所に位置づけることが大切でしょう。夜になったら暗くて近づけないような町はずれに建てることのないように十分に検討する必要があります。最近では駅前に、時にはデパートの中に設置している例も少なくありません。また、公民館、生涯学習センターなどと併置する例もあり、市民の立場からは、きわめて利用しやすいと思われます。「エキナカ図書館」など、こうした観点からは、いわば最も今日的で常識的な場所といっても良いかも知れません。

郷土の偉人を取り上げた研究

町の歴史や自然、環境、民俗、風習など、地域について市民が学び、より優れた市民性が育つことがまちづくりにとって必要です。優れた市民の育成は、まちづくりの終局的な目標といえるでしょう。美術館、博物館、科学館などの博物館とともに、図書館は、最も身近な文化施設です。まちづくりの一つは、町として、文化の振興があげられますが、図書館はそのための発信基地であり中核施設といえるでしょう。芸術文化の資源も、生活文化の資源資料も図書館では整理されています。

まちづくりに地域の歴史的な人材が活かされている例も少なくありません。埼玉県深谷市は、渋沢栄一の町として、その業績を活かす工夫が随所に見られます。例えば「レンガの映える町」として、まちのシンボルにJR深谷駅はレンガ造りにしています。市内では、渋沢栄一の会や、渋沢栄一研究会などが活発な活動をしています。

青森県金木町は、小説家の太宰治の里で、ゆかりの「斜陽館」とともに太宰治の名称を関したさまざまな事業が展開されています。学校教育、社会教育に関しても研究会やイベントが体系的に実施されています。図書館では、太宰治の研究グループが活動し、読書サークルの教材も、題材作品になっていました。

島根県津和野町は、町の事業に郷土の偉人、「森鷗外」にちなんだ公民館講座として「森鷗外塾」があり、図書館にも関連した資料コーナーが設置してありました。

このように、郷土の偉人を取り上げた公民館事業や図書館とつながる例は数え切れないほどです。坂本竜馬、伊能忠敬、上杉鷹山の市民大学「鷹山大学」(米沢市)など地域の歴史に関する事業に図書館が強く影響を与えています。

■市民大学と図書館から生まれた「志」エッセイコンテスト

鹿児島県志布志市創年市民大学に属していた市民が、エッセイサークルを結成。その活動は、やがて全国的なエッセイコンテストに発展して、今では各地から玉文が投稿されるようになりました。長年、公民館事業に関わったこの事業の担当者・荒平安治さんが、図書館に異動したことから、図書館に新しい意気込みを吹き込み、さらに拡大したと多くの市民から捉えられています。この文学運動は、生涯学習宣言都市・志布志市の風格をさらに高めたものと評価されるようになっています。

志布志市創年市民大学は、創年が地域参画を前提に学ぶという本格的な講座で、サークル活動は、焼酎「創年の志」を、体験研究を通して製品発売して、全国的な話題になっています。その一部の参加者は、エッセイの仲間となり、「実行委員会」としてやがてコンテストを実施するまでになりました。行政の努力もあるのですが、多くの市民の参画により成果が上がっているのです。

この図書館には、学習成果を生かすコーナー「志ふれあい交流館」が設置され、利用者や市民大学で学ぶ人々に好評です。図書館ボランティアをはじめ、学習成果を活かしたいと思う人々のために、学習成果を生かすコーナーも設けました。ここからまちづくりがスタートするとして、コーナーの行方に関心が高まっています。生涯学習の中核施設としての図書館の中心に、生涯学習講座や市民大学で学んだ人の活躍の場となるような、交流と学習成果の発表の場を整備するのです。

平成二十四年十月、志布志市生涯学習まちづくり研究会の十周年記念事業「月夜のお話会とアニメ音楽の夕べ」が、市立図書館で開催されました。同研究会(代表小窪久美子さん)は、「まちづくりを楽しむセミナー『しぶしイキイキ夢発見塾』」を受講した有志が、志布志のまちづくりを実現しようと活動しているものです。公民館と図書館を拠点に活動していますが、図書館活動の推進にも、大きく貢献しています。

志布志市立図書館

5 創年運動で自己を地域に生かす

「創年」とは、中高年を中心に、「老人」「高齢者」などの用語ではなく、「積極的に生き自分を再活性化させようとする前向きな生き方」を主張した呼称です。したがって「創年期」とは、年齢というより「自分を生かそう、自分を磨き再生させようと自覚」し、いわば人生のリセットを決意した時点ということになるわけです。今、各地で創年が話題になりつつあります。

わが国は、超高齢社会を迎え、少子高齢社会に急速に向かっています。それは経済社会からすれば、人口が減少し生産力が低下し、要保護世代を増やし、社会の活力が停滞化することを意味しています。創年は、四十代後半の女性から団塊世代、高齢者を含める最も幅広い層を占めています。この増加する創年層が、社会的資産として活用できれば、それは大きな資源となります。創年が活動することにより、地域にとっても、高齢社会の課題の解決にもつながり、国家にとってもきわめて刺激に富む、可能性を秘めた創年世代となることができるのです。

創年の力は、新しい日本のために、ふるさとのまちづくりや青少年指導のために発揮されることが期待されています。今日、日本人としての固有の純粋性、文化性が失われつつあることが喧伝されていますが、そうならないための創年の存在は、ますます大きくなってくることが期待されています。

これまで長い人生で培った特技や趣味を、中高年期以後にさらに充実させ、広く地域のために生かそうとする姿勢が、自分自身のためだけでなく社会的にも必要とされています。六十歳ではまだまだ体力も気力も、むしろ充実しているといえます。

創年は、現役の引退はなく、新しい分野でさらに現役をつづけていくのです。生涯現役であれば、健康維持につながり、結果として、医療費などの経費も節減できて、国家的にも個人的にも望まれる方向ということができるでしょう。

今、退職した人々の活躍の場が少ないのが問題とされています。転勤を重ね郷里に帰ってきたら「知らない人ばかり」と嘆く男性も少なくありません。地域で何かしたいが手がかりがない、きっかけをつかめない圧倒的な数の男性たち。経験も豊富、意欲もあり、実績も十分な創年に、新たな活躍の場を用意する必要があります。いわゆる、行き場のない高齢者たちが図書館や病院のロビーを、目的以外に占拠する光景は賛成できません。積極的に地域に飛び出して活躍してほしいものです。

創年が活躍する図書館

「創年」は、自己を地域に生かすという視点が基本です。長い人生で体得した、いわば、学習成果を生かされなければ、もったいないということになります。ではどうすればよいのでしょうか。

生涯学習の成果について、文部省の生涯学習審議会は「学習成果を幅広く生かす」（生涯学習審議会答申　平成十一年六月）を答申したことがあります。そのなかで、学習成果を幅広く生かすために「ボランティアに生かす」「キャリアに生かす」「地域の発展に生かす」の三つの場があると提言しています。

特に、学習成果を生かすということは、換言すればボランティア活動に参加するということを意味しています。身につけたものを他人に伝えるという行為は、「教えることは二度学ぶこと」でもあり、優れて効果的な生涯学習の方法です。そしてそれはボランティア活動に参加することと同様であり、そのことによって学習成果の深化と学習意欲の高揚が期待され、さらなる学習が発展進化することが期待できるのです。

図書館は、創年の研究書斎、地域の文化を発見し創造する研究所です。創年は、子どもたちに郷土の歴史や、誇りを伝える伝道者であり、過去の経験や知識を再創造し、研究挑戦する人々だといえます。そうした創年の活動の場が、図書館から広がることが期待されます。青少年と

酒々井町での講座。生涯学習についての市民の関心は高い

創年をつなぐ場、新しい仕事を創りだす場として、図書館にとっては、イメージを一新して飛躍するためのヒントが、創年活動の中にも数多くあります。

多くの自治体が、それぞれの目標をかかげて、まちづくりに必死に取り組んでいます。また、市民団体など民間でも、創年を中心にあらゆる工夫をしながら、まちづくりに貢献する面白さを、楽しんでいます。その中に、風格のある図書館作りも、創年の活動に含めていくことが考えられます。

第4章　読書活動と推進方策

鹿児島県の薩摩半島の南端に位置する坊津町。五八四年百済の僧・日羅が仏教弘布のためこの地を訪れ、以来、約一千年にわたり貿易が栄えたまちです。この小さなまちが昔から朝読み夕よみの読書のまちであることは、誰も認識していないように思われます。あまりにも日常的な風景であるからです。

「集落の皆さん、おはようございます。ただいまから○○さんが、朝読みをいたします」集落の中の有線放送で披露されている子どもの読書活動の一部です。集落の人々は仕事をしながら、あるいは台所で流れてくる子どもの声を聞きながら「今日は、○○さんとこの長男坊の○○君だ」とみんなが知っています。かつて筆者が夏に訪問したときも、朝読みの子が歩いていると「今朝、○○ちゃんの放送聴いたよ。ずいぶん上手になったねえ」などと声をかけている光景が見られました。地域ぐるみで子どもが育てられている伝統を感じたものです。

かつて鹿児島県立図書館長だった詩人・椋鳩十さんが、提唱された親子二十分朝読み夕読み、親子二十分間読書運動、あるいはもっと古く薩摩の郷中教育の伝統を受け継いでいるとも聞きました。親たちもそうして育ったのでしょう。

1 子どもの読書活動の意義と動向

これも立派なまちづくり

当時の担当者が「坊津は、まちづくりとしては沈滞しています。何もお見せするものがありません。しかるべき施設もなければ、観光客を受けいれる体制もありません。しかし、子どもの読書だけは、自慢できるかもしれません」ずいぶん、控えめな言葉でした。

「そういうことはありません。これこそ最高のまちづくりではありませんか。町中、どの地区も、地域の教育力を高めるというまちづくりの目標を実現していると思いますよ。子どもの読書が自慢なんて、最高ではないですか」と、私なりの感想を述べたことを覚えています。

いうまでもなく、読書活動は、子どもの言語活動を発達させ、感性を磨き表現力を高め、創造性を育てるといわれています。平成十二年の教育改革国民会議報告においても、言葉の教育の重要性をあらためて指摘しています。近年、テレビ、ビデオ、インターネット等の多様な情報メディアの発達・普及や、子どもの生活環境の変化、家庭教育の課題などにより「読書離れ」

が深刻化しています。ＯＥＣＤ（経済開発協力機構）生徒の学習到達調査（平成十二年）によると、「趣味として読書をしない」と回答した生徒は、ＯＥＣＤ平均三一・七％に対して、日本では五五％となっています。「どうしても読まなければならない」と答えた生徒はＯＥＣＤ平均では一二・六％ですが、日本では二二％となっています。全国農村部における一日平均のマスコミ接触時間のデータでは、本十六分、新聞二十三分、テレビ百五十六分、ラジオ五十三分、インターネット十八分となっており、読書が少ないことが改めて明確になっています。

図書販売にも大きな影響が見られます。平成二十一年の書籍・雑誌の推定販売額は二十一年ぶりに二兆円を割り込みました。ピーク時の七割になっています。さらに、携帯情報端末ｉＰＡＤの登場などで電子書籍化が進むとして、ますます本離れを懸念する声もあります。また、農村のデジタル・デバイド（格差）も高いことが指摘されています。

児童への図書館の貸し出し冊数　年二十六冊

平成二十二年度の、小学生が図書館から借りた冊数は平均二十六冊で、前回調査の一八・八冊から過去最高の増だったという、三年に一度の文部科学省調査の結果があります。学校での朝読みの取り組みや、図書館の開館時間延長等のサービスの向上などの効果が出たのではといわれています。

文部科学省は、「生きる力をはぐくむ読書活動推進事業」を総合的に推進しています。子ども読書活動を充実していくために読書活動推進地域（十地域）を指定し、学校図書館を含めた学校における学習活動、公共図書館の活動、家庭での働きかけなどを連携させながら、学校・家庭・地域社会が一体となって総合的な取り組みを推進しようとするものです。具体的には、学校関係者の意識の高揚を図るため、全国三ブロックで「学校図書館活用フォーラム」を開催し、学校図書館活用や読書活動の促進方策について研究協議、情報交換が行なわれています。

「子どもの読書の街」を指定

子どもの読書推進を自治体挙げて推進するため、文部科学省は、「子どもの読書の街」を指定して事業を実施しています。次表の七市町はユニークな事業を工夫して成果をあげています。

自治体名	取り組みの内容
北海道恵庭市	ブックスタート、保育園・幼稚園へのおでかけ読書会、総合的な学習の時間での市立図書館の利用
群馬県伊勢崎市	親子20分間読書活動、調べ学習コーナーの設置、子ども読書交流会
岐阜県飛騨市	学校図書館の休日開放、読書カルテ作り、小・中・高校の合同サミットの開催
大阪府高槻市	読む・調べるをテーマにしたブックトーク、子ども読書フェスタの開催、推薦図書100冊の紹介
鳥取県大山町	読み聞かせボランティアの育成、保育所の絵本コーナーの設置
島根県海士町	本好き島外者との交流、港、診療所などへの本の設置
福岡県宇美町	小中学校での調べ学習コンクールの実施、読書マラソン

2 事例「読書のまち」宣言（茨城県大子町）
――大子町図書館「プチ・ソフィア」

心の豊かさを守り、育て、広げ、次の世代に伝えていくこと。この願いを読書に託そうと、大子町では「読書のまち宣言」（平成十九年六月）をしました。

茨城県久慈郡大子町。関東の人ならば「袋田の滝」といえば行ったことはあると答える人が多いかもしれません。栃木県大田原市や、茨城県日立太田市に隣接しています。常磐自動車道那珂ＩＣを降りて六十分のところにある人口一万九千人足らずの小さなまちです。町内には、五〜六箇所の木造の元小学校跡があり、フィルムコミッションの町として、町内の風景をテレビや映画のロケ地として売り出している町です。ＮＨＫ朝の連続テレビ小説「おひさま」は、旧上岡小学校が使われていました。町は、「純情きらり」「さとうきびの畑」などこれまでに数多くのドラマや映画の舞台になってきました。また、町では、観光とともに文化に力を入れようと、その中核に「図書館」「読書推進」をおいているように見えます。

平成十七年四月、中央公民館の図書室が旧大子准看護学院の建物に移転し、図書館「プチ・

ソフィア」としてオープンしました。フランス語のプチ（小さい、かわいい）とギリシャ語のソフィア（知恵、知識）の意味で、一般公募の名称です。

蔵書数、約三万冊。小規模ではあるが住民生活に定着しています。大子町では、ほとんど本を読まない子が半年で二割減少し、成果が見られるようになっています。

平成十九年六月、大子町は、人材育成のまちづくりの一環として、読書を通じて心の豊かさを育てるため「読書のまち」を宣言しました。具体的には読書に親しむ環境づくりを提起しています。

豊かな心をはぐくむことができる読書。健全な青少年育成にとっては、感銘や共感を受ける本との出合いが大切です。そのためには、確実に読書の習慣をつけることが前提にあります。大人の読書の良さを再認識し、ゆとりのない生活の中でも「読書に親しむための環境」を積極的に作ってあげたいとしています。

■「読書のまち」宣言

私たち日本人は、「自ら努力すること」や「人を思いやること」を大切にしながら、世界でもまれな、心の豊かな国を築いてきました。しかしながら、近年心の豊かさが失われつつあるような社会的な事件などが数多く見受けられます。日本人のかけがえのない宝である心の豊かさを守り、育て、広げ、次の世代に伝えていくことが、今、私たちの大きな願いです。私たちは、この願いを読書に託します。

読書は私たちを、時間や距離を超え、豊潤な思想との出会いに導きます。特に、幼児や青少年の読書は、彼らに多くの知的所産を与えるとともに、多様な想像力を培い、豊かな感性を育みます。私たちはこのような読書の良さを活かし、読書を楽しむ人があふれる町づくり、読書のすばらしさを全国に発信する町づくりを目指し、

1. 赤ちゃんを、読書の世界へ導くために保健センターでブックスタートに取組みます。

1. 園児に、読書の楽しみを伝えるために、保育所・幼稚園読み聞かせに取組みます。

1. 児童生徒に、読書の習慣を育むために小中学校で朝の読書に取組みます。

1. 親子の、読書を通してのコミュニケーションを培うために、家庭で家読《うちどく》に取組みます。

1. 大子町の、読書の環境を整えるために、町中で力を合わせ全力で取組みます。

二〇〇七年、私たち大子町は、この価値ある事業に町をあげて取組みます。

そして読書のまち、ふるさと大子に誇りを持ち、日本中の人々に読書のすばらしさを伝えます。

以上、今ここに「読書のまち」大子を宣言します。

平成十九年六月十三日

大子町

子ども読書の街とは、児童生徒の「読む・調べる」週間の確立に向け、町民が一体となって読書活動推進を応援する取り組みのことですが、平成十九年八月、文部科学省の新規事業として、全国自治体の中からモデルで自治体に指定されたものです。大子町では、「町内の子どもたち（乳幼児、園児、児童、生徒）の読書習慣の確立、家庭・地域の読書に対する意識の高揚、地域社会の読書環境の整備、読書を基盤とした豊かな人づくり町づくり「読書のまち」の良さを全国へ発信することなどを狙いとし、平成十九年から二年間をメドに以下の五つの目標を掲げています。

（1）子どもたちの読書習慣の確立

（2）家庭・地域に対する読書に対する意識の高揚

（3）地域社会の読書環境の整備

（4）読書を基盤とした豊かな人づくり、まちづくり

推進の手順（例）

「読書のまち」宣言をスタートに！

機関の連携で行う

○町内各機関で連携して行う。
○子どもたちの発達段階に即して行う。
○それぞれの機関の特徴を活かして行う。

0歳
□保健センター
□保育所 園、幼稚園

6歳
□小学校

12歳
□中学校

15歳
□高校

18歳

読書で…

◎ブックスタート

読書の世界に触れる

◎読み聞かせ

読書の楽しさを伝える

◎朝読（あさどく）・家読（うちどく）

読書の習慣を培う

・読書習慣の確立
いろいろな考えに触れる
・家庭での読書習慣
コミュニケーションづくり
豊かな人間性の確立

読書の世界を広げ深める

家庭

地域で支える

○図書館の充実と活用を通して支える
○公民館分館の充実と活用を通して支える
○地域ボランティアの活用を通して支える

豊かな人づくり　まちづくり

全国に発信！

（5）「読書の町のよさの全国への発信

これらの目標を達成するため、「子ども読書のまち」の実践的な調査研究活動に取り組んでいます。前ページ図は、大子町の体系図を文科省の資料を基に示したものです。

「家読《うちどく》」を推進

家族のコミュニケーションを図る手段として家読《うちどく》、朝読などが注目されています。家族で同じ本を読み、話し合うことが実践されています。家族の会話不足やコミュニケーションが不足している今、家族の会話も深まることが期待されるのです。市内の第五小学校が、全国に先駆け「家読《うちどく》」を始め、町ぐるみで取り組みを始めています。平成二十二年度から小中学校も町の指定を受け「家読」推進校として取り組んでいます。具体的な活動がなければ効果はありませんが、綿密な計画と実行が求められます。

朝読

朝読によって、子どもたちの心が落ち着き、さらに感受性や知識欲が育まれるなどの成果があるといわれています。この運動は、千葉県の女子高校で提唱され始まったといわれています。今では、国の施策もあいまって全国で、二万六千校で導入され、約九百四十万人の児童生徒が取り組んでいます。大子町でも、町内全ての小・中学校（十二校）で、朝読を実施しており、子どもたちに定着しています。

ブックスタート

「ブックスタート」は、絵本の読めない赤ちゃんに対して、読み聞かせを通して、親子のふれあいを深めてもらおうと、平成四年イギリスバーミンガムで始まった運動といわれています。大子町では、平成十九年からブックスタートを開始しています。保健センターで行う健康診断・健康検査の際に、一歳児から三歳児までの赤ちゃんに絵本二冊をプレゼントするという事業です。また森のおはなし会などの協力を得て、贈った絵本の読み聞かせを行っています。

森のおはなし会

読み聞かせのボランティア活動を行っている団体で、公民館の「読み聞かせ講座」受講者たちが中心になって結成した団体です。メンバーは、主婦、保育士、教員などさまざまで、学校や保育所、町のイベントなどで読み聞かせや人形劇等の活動を積極的に楽しんでいます。朝読運動でも活躍し、週一回のペースで小学校に出向いています。また月一回は、図書館「プチ・ソフィア」で、図書館のスタッフと協力しながら絵本の読み聞かせや昔話を続けています。

3 親と子のさまざまな読書運動

全国各地には伝統的な読書運動を展開し、それが今日まで社会教育の分野で影響し、現在でも何らかの形で残っている例が見られます。

母と子の二十分間読書運動

今、全国的に朝読み夕読み運動が展開され、子どもたちの生活リズムを健全に築くために効果を挙げていますが、「親子二十分間読書運動」は、昭和三十四年当時鹿児島県立図書館館長であった椋鳩十氏が、「母と子の二十分読書」として試行されたのがはじまりでした。それを受けて、昭和三十五年から鹿児島県教育委員会は本格的に「親子二十分間読書運動」を展開したのです。この運動の狙いは、深い喜びや情緒、感動と思考力を育てること、家族全員の互いの理解を深め心の絆を強くすることなどが挙げられていました。

昭和三十五年五月、鹿児島県立図書館では、県学校図書館協議会、市町村の図書館、公民館と協力し、ＰＴＡや学校図書館に呼びかけて「母と子の二十分間読書運動」を展開したのですが、その結果、昭和三十六年度の参加者は八万五千人が参加していたという記録があります。この運動に参加して毎日子どもが、二十分ぐらい読むのを、母がじっと聞いていたわけです。この運動には、三つの重点をおいたとされています。すなわち、

・子どもが小声で本を読むということ
・母が、子どものそばに静かにすわるということ
・できるだけ毎日

ということでした。毎日となると、親も子も努力がいる。十日もすればもう続かない。したがって地域でも実践にあたっては、大変な努力をしたと、椋鳩十さんは著書でのべています。また、この運動は、「立体的読書運動」と呼んだとも述べています。子どもが読むのを母が聞く、という一つの行為から、多くの効果が期待されるから、ということです。鹿児島県ＰＴＡ活動も活気があった時代でもあります。

「母と子の二十分読書」は、鹿児島県教育委員会の積極的な指導もあって「親子二十分間読書運動」として名称を変えてさらに発展していきました。これは親と子の、あるいは子ども同士の温かな交流を通して、豊かな読書の世界を子どもの中に培う運動です。鹿児島県では、この

運動を、現在でも推進していますが、具体的に親子読書研修会や、読書と感動を広げる研修会などを実施しています。この流れは、「かごしまの子ども朝読み夕読み実践推進事業」に引き継がれています。

鹿児島県は、青少年自立自興運動（昭和五十五年）を提起しました。青少年の自立自興の精神を涵養し、健全な育成を図るため郷土に伝わる伝統の教育と風土を活かし、青少年の相互自主的な活動、地域ぐるみの青少年育成を目指すものです。その内容は、学習活動、社会参加活動、文化活動、集団野外活動、スポーツなどを進めているものです。、その中には、「鹿児島の子ども朝読み夕読み実践推進事業」として発展しています。薩摩の郷中教育の朝読みや輪読の伝統が息づいているように思われます。

一坪図書館運動

一坪図書館とは、昭和四十八年から五十三年まで県が一般住宅や公民館などに設置していた公設民営の小さな図書館です。スタート時は、山梨県内に公立図書館は、県立図書館を含めて十一ヵ所しかなく、移動図書館も巡回先は、百六十ヵ所ありましたが次回に配本に行くのは五十日後という状況でした。そのため、一般住宅や寺、公民館などの小さなスペースを利用して県立図書館の本を貸し出したのが一坪図書館でした。

山梨の一坪図書館運動が、日本での一坪図書館の始まりであるというのは、このときのことでしょう。同年十月には十九市町村に五十が設置されていたといわれています。

現在では、その活動は親子二十分間読書運動を展開している鹿児島県南部の指宿市山川町辺りの活発な活動に見られます。

鹿児島県の場合

多くの場合、一坪図書館長は、こども会、婦人会、ＰＴＡの役員など、社会教育活動家が選ばれています。単なる配本所でなく、地域文化の拠点にしようと考えられているからです。一坪図書館の場所は、玄関口であったり、縁側であったり、一坪あれば十分という身近な場所を選んでいます。謝金は月三千円、一館当たり約二百冊、一坪図書館の数は十三ヵ所程度であったといいます。これらの図書は二十二ヵ月に一回程度ローリングしています。

志布志市の小さな絵本図書館

一坪図書館は、学校から帰ってきた子どもたちのたまり場であったり、若い母親の交流の場、井戸端会議の場、社交の場にもなっています。昭和五十六年度は、一坪図書館の貸し出し冊数は、約一万四百六十五冊になったといいます。

長野県のＰＴＡ母親文庫

ＰＴＡ母親文庫は、公立図書館が貸し出し文庫の方法を用い、ＰＴＡ会員に対して読書の条件整備と動機付けを目的とする読書普及運動です。この運動は、長野県を中心に広がり、昭和二十五年に叶沢清介（当時長野県立図書館長）が、推進したということが知られています。十年後の昭和三十六年には母親文庫の利用者は、約九万人に達していたそうです。県内各地に読書グループが組織されたのでした。しかし、昭和四十五年以降は、ＰＴＡ母親文庫の運動は、長野県内の図書館づくり運動や市町村立図書館の設置などの図書館活動には直接的には結びつかず、独自の活動も、図書館主導の活動に埋もれていったといわれています。現在のＰＴＡの母親教室や、読書運動に引き継ぎ発展させることができるのではないでしょうか。

4 住民の工夫が光る図書館サービス

福島県大熊町　文字活字文化推進大賞

朝の十分間読書運動が、全国各地で行われていますが、震災の被災地においても心の復興を目指しており、改めて図書館が見直されています。

小中学生が、東京電力福島第一原発事故後に避難した会津若松市の仮校舎で、朝の十分間読書運動などを続けています。全国から一万冊以上の書籍が活動を支えたものです。

全国出版協会が主催する「文字活字文化推進大賞」は、平成二十四年度は、読書のまちづくりに取り組んでいる福島県大熊町教育委員会が選ばれました。復興にあたって、図書館、読書推進活動に重点をおいたということは、まさに正解というべきでしょう。

図書館コンシェルジュ

ホテルで宿泊客に街の案内や切符などの世話をするコンシェルジュの図書館版です。東京都千代田区立千代田図書館は、平成二十一年指定管理者が受託し、レファレンスコーナーとは別に三人が常駐。館内の案内や展示品の紹介やガイドツアーも行います。また、神田神保町の古書店街や文化施設、飲食店の案内など従来の司書が行わなかった業務も、かなりあるそうです。来館者も以前より大幅に増え、半年で五十万人を超え、以前の三倍に達していますが、これもコンシェルジュ効果といわれています。

松戸市の図書館・子ども読書推進センター

「矢切の渡し」を渡るとそこは葛飾柴又。東京に隣接する人口四十八万余の都市松戸市は、図書館本館・大型分館四館、小型分館十五、計二十館と、県立西部図書館があり、図書館ネットワークに力を発揮するまちです。子どもたちに読書の楽しみを教え、読書習慣を身につけさせようと設置された子ども読書推進センター、たくさんの図書館から本を簡単に探せる日本最大の蔵書検索サイト「カーリル」、全国各地の主要スポット九百万件の電話番号・地図・住

松戸駅西口の松戸市立図書館本館

所などを検索できる「マピオン電話帳」は、松戸市図書館のカテゴリとなっています。

本館には、「子どもとお出かけ情報『いこーよ』」も設置するなど、市民に対して多様なサービスが配慮・工夫されています。ボランティアの育成支援や、小学校での読み聞かせ講座などは定着しています。

本館１階の子ども図書館

第5章　図書館づくりの構想と運営

1 図書館づくりの手法
――滋賀県甲西町の実践から

一般に、図書館の建設にあたっては、まちの基本的な計画に位置づけられていることが前提にあります。そのうえで自治体は、市民の要望を把握して生涯学習施設整備に優先順位をつけ、建設に踏み切るわけです。そのために、まず責任者である首長が図書館建設を優先するかどうかに成否がかかります。日常的に市民の読書活動が充実していることが、優先順位を上げる決め手になると思われます。北海道「絵本のまち」剣淵町でも、「駅が図書館」の女満別町（現大空町）も、「もったいない図書館」の矢祭町も、市民の要望の大きさと活動の実績が大胆な建設に踏み切らせたのです。したがってなんといっても、もっとも大きな決め手は市民の要望が強いということと、同時に実績があるということです。図書館づくりを、先進的なまちはどのように進めたのか。実際に当時の担当者の証言でまとめてみました。

画期的な計画を支援した町長

甲西町（現・湖南市）は、滋賀県の琵琶湖の南東にある人口三万の都市です。ここに、梅沢幸平氏が公民館職員として赴任してから始まったように思います。昭和六十二年四月一日　滋賀県甲西町（植西佐吉町長）は、図書館開設準備室長に梅沢氏（北海道立図書館）をヘッドハンティングしました。当時の県立図書館長の前川恒雄氏の強い勧めもありました。前川氏は、資料提供を通して図書館の持つ力を暮らしの基盤である「まちづくり」につなげてみようと試みたのでした。

図書館の構成要素は、施設・資料・職員です。図書館作りは、ハード面だけでなくソフト面の充実度で評価が決まります。なかでも資料の収集力と職員体制であると考えたのでした。その最重点が図書館長という考えがあったのだと思われます。

筆者も、北海道にいたはずの梅沢さんが、甲西町公民館より転入の話を聞いて驚いた記憶があります。一年間、公民館で勉強してもらい、より多くの住民を知り、幅広く社会教育を体験しているほうが後で役に立つという町長の発想でした。一年後、本格的に動き出した甲西町の図書館づくりの中心はもちろん梅沢さんで、最大の腕を振るっていたのでした。

基本計画では、人口規模（昭和六十二年当時、人口約三万二千人）から、貸し出し冊数を年間二十七万冊に想定しました。利用に見合うためには毎年一万冊は増加冊数を必要とすること、新図書館は、図書収容能力は、開架式十万冊、書庫十万冊系二十万冊を想定、開館時五万冊を準備し、毎年一万冊増加し、開架式部門を毎年一〇％程度更新し、新鮮度を常に保っていくというものでした。当時では画期的な構想でした。

職員体制は、館長・庶務担当含め十一人の体制をつくり、そのうち甲西町の生涯学習の九人は、三年計画で三人ずつ採用することにしました。新採司書の全国公募を提案し、見事に実現したのですが、これは全国的に例のないことでした。これらは梅沢構想であり、そのままそっくり支援したのは町長の手腕でした。

筆者は、国立社会教育研修所で研修企画を担当していたこともあって町長を訪ねたことがありました。「おらがまちの図書館は最高、と町を誇れる図書館になるには、資料と利用者を結びつける職員の存在が勝負を分けます」という町長の当時の言葉が印象的でした。「小さな町が勝負できるのは人材だけであるから、やる気のある専門家を希望したのですよ。その期待に見事にこたえてくれました」と。

透明性のある採用試験の結果、甲西町図書館の評価が上がり、町当局の司書への理解と希望者の評判はうなぎのぼりでした。年度によっては三十倍の倍率を突破した職員たちは、活躍も実にすばらしいものでした。特に来館者への対応は素晴らしく、町民の誇りになったといいます。また、他の公務員にも好影響を与え、サービス向上の模範になっていることが伝わりました。職員の接遇の問題では、いつも手本として議会でも引き合いにされ、銀行の支店長がおしのびで視察に来たというほどです。職場に誇りを持つ職員と、市民、それは町の品格を高めることになるものです。

図書館づくりの構想

甲西町は県下最大の工業団地をかかえて目覚ましく発展した町です。昭和五十八年「まちづくりアンケート調査」では、図書館設置要望が、教育文化部門でトップを占めていました。一方、市民ムードももりあがり「図書館を創る会」も誕生していました。町長は県教委と県立図書館に相談、専門職員・館長を選定することを指示したといいます。白紙の準備段階で、まず館長を決めて準備にかかるという意気込みがすばらしいと思います。

図書館を単に、ハコモノに終わらせず、住民への資料提供の資料費は言うに及ばず、「運営の中心となる人材として、専門職の館長の配置を最重要課題と位置づけたということは、まさに最高の町長であり指揮官でした」と後に梅沢氏は語っていました。このことは、町長はさほど自慢ではなかったようでした。「どうせ私は素人だし、専門家の言うとおりすれば間違いではないでしょうから」と。

筆者は、当時いくつかの県や市町村にも、この首長の姿勢を学ぶべきだと訴えた覚えがあります。甲西町図書館は、当時のモデル図書館の位置づけとなっていました。

さて、北海道から、見知らぬ地に新しく赴任した梅沢さんは、こう述べていました。「無法の町に保安官が住民に雇われてきて、拳銃でなく町に法というものを創っていく。こんな西部劇がありますが、町に図書館を作るということもこれに似ているようです」町に図書館というシステムを作るためには、そこの人になりきって町の人に信頼されていくことでした。


滋賀県では前川恒雄館長から、澤田政春館長（置戸町）、梅沢幸平館長といずれも県外から招聘していますが、他の市町村にもいくつか同様な試みも見られたといいます。

図書館が大切、といっても町に人影も見えないような過疎の町が多いのですから、図書館設置を唱えても、絵に描いた餅のようなものではないか、という人もいます。しかし、だからこそ、その対応を研究しなければならないと思うのです。

暮らしの中で身近な情報源として図書館を目指して、図書の貸し出しだけでなく、展示、映画会、講演会の開催も重視します。図書館の敷居を低くするための工夫「たとえ本は読まなくても新聞や週刊誌なら読むでしょう」「展示や講演会、コンサートも随時無料で開催していますよ」このように試みること、訴えることなど、住民に足を運んでもらうためにも重要な図書館機能の一つなのです。（「町づくりと図書館」滋賀県立図書館長・梅沢 幸平）

「地方分権、規制緩和の流れの中で平成十二年図書館法は一部改正されました。図書館建設のための国庫補助が見直され、その補助要件として図書館法に定められた最低基準も撤廃されました。特に図書館運営の要となる司書資格を有する館長の配置は、建築面積や蔵書量といった量的条件を質的に支える、図書館づくりの基盤に関わる重要な部分と評価されていました。この基準が撤廃されたことは、図書館人にとっては残念でした」当時、県立図書館長であった梅沢氏はこのように述べています。これは、多くの図書館人にとっても大きな不満になっているようです。基準が撤廃されたことは、一方で柔軟になったということです。その趣旨を活かすことが今後必要になります。

「小さな町に住んでいても、文化的にハンディがあってはならない。ここに住み続ける人々にとっては、たとえ小規模でも役に立つ図書館がほしい。信頼を寄せられる、元気の出る図書館であってほしい。小さな町だからこそ希望の灯が見えてほしい。つまりいかなる条件であっても、まちづくりには図書館がほしいのです」あるとき筆者が受け取った資料の中に、当時、梅沢館長がそう書いていました。館長の図書館への情熱を感じることでした。

意欲的な図書館長の配置

ところで滋賀県は、図書館運営の責任者として専門職の館長の配置にこだわって、全国から二十人近い職員が館長として招聘され、県内の市町村図書館の運営に当たりました。

「館長をはじめ専門職の職員集団が利用者と資料を結びつけ、資料提供に徹してきたことが図書館への信頼を高め、新たな需要を喚起し利用を拡大し、図書館の発展につなげてきたと評価されているようです。住民は図書館利用を通じて、読書意欲や学習意欲を一層高め、自らの新たな可能性を図書館に見出してきたともいえるでしょう」と梅沢氏は語ります。

「図書館未設置の町の住民は、『わが町にもこんな図書館がほしい』という切実な声を上げ、滋賀県内に図書館作りの輪を一つずつ広げてきたと言われます」（梅沢氏）が、その際も館長問題はどんな小さな町の図書館作りにも、忘れてはならない基本であると理解されたのだと思われます。


地方分権時代に入り、地域住民の自己決定権の拡充と言われ、住民一人一人が地域のことを自ら判断し自ら決めていく時代に入ってきました。そのために正確で豊富な資料情報が入手できる条件が、判断のためにも不可欠となるでしょう。図書館の役割はますます大きく、町づくりに図書館は必須アイテムであるといえるのです。最低基準の撤廃で図書館づくりの基盤は脆弱になってしまったと言われますが、地方分権の時代だからこそ、逆に国のこれまでの基準に甘んじない高いレベルの図書館づくりも、地方から実現する必要があります。それには住民の図書館の必要性の認識や、評価が図書館を支える一番の基盤となると思われます。

2　図書館づくりは基本構想から
――新潟市立豊栄図書館の例

新潟県の北部に位置する旧豊栄市は、平成十七年に新潟市に編入合併した人口約五万人のまち。豊栄図書館の蔵書数は約十八万冊以上、図書はビデオ・CD・DVD・インターネット用コンピュータなどが設置されています。利用登録者は約一万六千人。土・日曜日での利用者が約一千数百人と非常に活発です。豊栄市時代、図書館建設は市民参画で進め、成果をまちづくりに生かしています。建設にかかわった頓所洋一氏は図書館の流れを筆者に語ったことがありました。公民館も経験した人だけに、当時かなり議論して建設したということを感じました。

基本構想の起草の委員会

平成九年九月に市長から基本構想をまとめるために、市民と行政職員の代表十五人が策定委員に委嘱され、約三ヵ月に二十数回の公式・非公式の会議などを重ねました。筆者は、この時期がもっとも重要だと考えています。より多くの情報を求めること。市民の図書館づくりの機運を盛り上げることなど、基礎的なことですが、十分に行うことが重要です。

また、市民一人ひとりを尊重した生涯学習社会に相応しい六つのコンセプトで図書館構想としてまとめられ、市長に提出されました。（1）まちづくりの基本施設（2）市民が主役の図書館（3）暮らしの中の図書館（4）地域文化を伝承し創造する図書館（5）ネットワークで支えられた図書館（6）市民と共に成長する図書館　の六点です。

旧豊栄市の場合、この基本構想に基づき、世界的な建築家として知られる安藤忠雄さん（東京大学教授）に設計を依頼しました。委員の意見を十分に取り入れ、コミュニケーションを図りながら、設計者と委員が両輪となって図書館を築き上げることができました。

図書館のオープン

図書館は、平成十二年十一月一日に開館。かつて旧豊栄市は新潟県で四番目に生涯学習宣言をしました。「であい・ふれあい・まなびあいのために、まずはじめよう　好きなことを、すきなだけ　好きな人と」いつでも、どこでも、誰でも、何度でも好きなときに好きな方法で、好きなだけ学ぶという「生涯学習」と同じような内容にも聞こえます。図書館は市民が以上のことを行える生涯学習施設であり、また、活動をサポートする施設です、と位置づけられています。元豊栄市の図書館長屯所洋一氏の記録には、市民の活動が細かく記録されていました。

3 図書館と他施設との連携

図書館運動・県立図書館の場合

筆者は、千葉県生涯学習審議会の一員として、図書館のあり方に関する討議に参画し、県立図書館と自治体立の図書館の役割について検討しました。中でも、図書館のサービス網として自治体の図書館と、県立の図書館との連携が大切であることを議論しました。

千葉県の図書館運動の例から考えてみます。県は、今後の図書館経営、施設整備の方向性として、県民に開かれた図書館経営と、千葉県関係資料・情報収集・提供サービス機能の充実を重点的に取り組むことを提案しています。さらに県立図書館は、県民の課題解決支援サービス機能を強化することが提唱されています。具体的には市町村立の図書館等と緊密な連携を図ることが改めて見直されました。今後、良質の連携は、本来の機能を倍増することと考えられます。しかし、その反対なら、お互いにブレーキを掛け合う恐れも考えられます。こうした縄張り争いや、硬直した関係は、役所にはよくあることとして、見ることがあるような気がします。

県立図書館をはじめ、自治体には、各種の県立施設や、時には国立の施設が存在する場合が少なくありません。県立図書館との連携では、いわゆる図書館ネットワークとして充実することは当然です。そしてそのイベントなどにおける協働や、相互に協力することなどから、さらに柔軟な事業開発が可能になるかもしれません。たとえば女性センターなどとの協働事業は、ボランティアや、キャリア、ワークライフバランスなどの課題で事業を展開することができるかも知れません。

病院の図書館

病院には、職員教育用の図書館と患者用の図書館を持っている場合があります。千葉県内の病院で職員用の図書館司書として活躍する関和美さんは、患者用の図書館にて一般市民のための図書館サービスとして、病気に関する本を紹介するレファレンス業務を提供してきたそうです。関さんは地域でのまちづくり、文化活動のリーダーとしても活躍し、専門図書館の司書のかたわら、まちづくりボランティア活動に参画し、その成果を病院内の活動に生かしています。幅広い地域での体験活動が図書館サービスにも役立っている好例です。何よりも地域に頼りにされる活動実績や人柄は、そのまま勤務病院図書室の評価にも影響していると思われます。地域のまちづくり事業、図書館活動とも関わる民間図書館の意気込みも感じられます。

第6章　まちづくりに生かされる図書館事業

1　事業面で図書館がまちづくりにできること

図書館が、具体的に市民のまちづくり活動に、どのような事業で活かされるのでしょうか。まず、一つは現行の図書館法がありますが、その中に規定されている事業内容も、そのままちづくりにつながる活動といえますから、当面基本的な事業を展開することが求められます。

図書館の事業（図書館法三条）の範囲内で、図書館は、「図書館奉仕のため、土地の事情及び一般公衆の希望に沿い、さらに学校教育を援助し及び家庭教育の向上に資することとなるよう留意し、おおむね次に掲げる事項の実施に努めなければならない」と、図書館の事業（図書館法三条、二二一ページ参照）として、図書館の事業内容が規定されています。その中から、①、⑤、⑨項が、図書館業務としても、より具体的にまちづくり事業にかかわるものです。

すなわち、①郷土資料、行政計画立案に必要な資料を常備する地方行政資料、地域の市民活動に関する情報、美術品レコード、及びフィルムの収集にも十分留意して、図書、記録、視覚教育の資料その他必要な資料を収集し利用に供すること。②読書会、研究会、鑑賞会、映写会、資料展示会等を主催し、及びこれらの開催を奨励すること。読書・研究グループの育成もこれに入るものです。③学校、博物館、公民館、研究所等と緊密に連携し協力すること。郷土資料の編纂、環境ガイドブックの編集に関することなどが、関係あるということがわかります。

鹿屋図書館の例　図書館の枠をはみ出したイベント

鹿屋市の図書館まつり

「従来の図書館の枠をはみ出したイベントをやろう」が、コンセプト。鹿児島県鹿屋市の中央図書館の「図書館まつり」は、隣接する中央公民館と文化会館が連携して実施しています。鹿児島県鹿屋市は鹿児島県大隅半島の中心都市で国立鹿屋体育大学、国立大隅青少年交流の家があり、人口約十万の農業、畜産のまちです。図書館は、蔵書約十五万六千冊。昭和五十六年開館の古い図書館です。移動図書館車「ほたる号」をはじめ、大隅広域図書館ネットワーク（鹿屋市立図書館及び肝付町文化センター図書室、内之浦銀河アリーナ図書館、大崎町立図書館、南大隅町の公共図書館のネットワークが構成されています。

図書館まつりではボランティアが大活躍した

幅広いサービスの展開として、一部は図書の蔵書検索・予約もできるようになり、大きく前進しています。新たな利用者の掘り起こしが狙いです。館内外に一千人以上でにぎわっているとのニュースが流れていました。ブックリサイクル、人形劇、音楽、野点、バルーンアート、寄贈本一万冊の無料配布、中高校生を含むスタッフ・ボランティアだけでも七十人以上が大活躍したイベントは、図書館の存在を広く知らしめた点でも大成功でした。図書館の枠をはみ出したイベントは、新しい図書館作りに挑戦する図書館の意欲がそのまま市民に伝わっていくことでしょう、

2　図書館が観光のコースになるまち

海外旅行が盛んですが、多くの場合、フランス、スペイン、イタリアの有名な村、町と博物館が圧倒的に多くコースとして組み込まれています。世界的な遺産や名画との出会いなどが海外旅行の一つの魅力ですが、国内旅行としても観光コースになるような図書館があってもいいでしょう。そのためには、外観のこともあるでしょうが、図書館機能の多彩さ、市民の活動の姿、情報の魅力等、多くの人々に参考となるような機能を高める必要があります。

どんな小さな街でも、ヨーロッパの街並みに教会が存在するように、日本の村、町に図書館があったとすれば、どんなに素晴らしいことでしょう。小学校がふるさとの象徴であるように、地域の図書館も、地域の人々の書斎のようになるとしたら、それは素晴らしいまちに違いありません。

ヨーロッパの街並みに、世界遺産のなかに市庁舎や教会が、百年後にも残るように建てられ機能していますが、日本のまち中に、仮に日本遺産としても、図書館がまちの象徴になるような町がどれほどあるのでしょうか。生活の中に位置付き、町のシンボルして市民が自慢できるような図書館を創るべきだと、主張した首長が今まで存在していたことがあるのでしょうか。それほどの文化性と高い見識の市長は、いまや、なかなか出会えないといってもよさそうです。実際のところ、「図書館までは手が回らない」、という人が多いのかもしれません。「図書館しか手が回りません」というような、高い精神性が政治家たちの普通の姿になるといいのですが。

図書館は観光活動センター

図書館は、まちづくりのなかで、これからの市民の「知の集積拠点」として中心施設になると思われます。それは観光の持つ本来の意義に着目することで、これからのまちづくりにとって必須であり基本であるからです。

「観国之光、利用賓于王」(国の光を観るは、もって王に賓たるに利《よろ》し)は、中国の「易経」「五経」にある言葉です。その中にあることばが、「観光」の語源だといわれています。国の「光」とは、自然の美しさ、歴史・文化、伝統芸能、産業、制度など、あらゆる分野にまたがるものです。

この「光を観る」とは、他国の優れた制度や文物、光を視るという意味であり、輝かしい物事を仰ぎ見るという心持が表されているといえます。「観る」とは、しめすという意味もあり、国の光を誇らしく示すということにもなります。これらの光を、心をこめて、目に見えないものも含めて「観る」というのが本来の観光ということになります。国の「光」を「心をこめてみせる、誇らしく示すこと」ですから、日常生活を誇らしく示せるように、あらゆる面で地域を高めることも含まれるのです。そう考えれば、市民が観光にかかる場面は広く、誰でもまちに関われることになります。市民の観光への取組みとして、「地域の光」への関わり方には、例えば次のような「さしすせそ」の手順で追うことができるのではないかと思います。

学習と観光の学習活動

観光学習の手順	観光の学習活動	観光ボランティアの活動内容
① 探す さ	観光資源を探すこと 人的資源、歴史、エピソードなど	地域資源を発見する 歴史、文化、市民生活、活動の現状など
② 調べる し	地域資源を調べる 常に地域の現状について調査	地域資源について解説できるように調べる 全国との位置づけで解説できるようにする
③ 推理する す	資源について過去、未来を推理する	地域資源について解説し、その成り立ち等を推理する
④ 整理する せ	資源を整理し、新しい側面を発見する	展示（表示）可能にする 資源資料の共通性を整理する
⑤ 創造する そ	地域資源について解説地域の宝を創造すること	独自の資料作りや、解説の資料や地域の魅力づくりを行う

「もてなしの習慣〜観光まちづくり〜」より

もし、「光」が見当たらなければ、地域の宝を創造することです。「雪合戦発祥の地」（北海道壮瞥町）、「新婚旅行発祥の地」（鹿児島県霧島市）等は、全国に先駆けイベントを創り、既成事実で名乗ったものです。それらがいつの間にか本当のようになっている例も少なくありません。

これらの「さ、し、す、せ、そ」の各項目は、観光学習の手順でもあります。それだけに「観光」は、学校教育や社会教育の場面で、学習テーマ教材としても効果的な教材ということができるでしょう。いうまでもなく図書館は、地域の観光資源を「探し」「調べ」「推理する」センターであることが理解できるでしょう。図書館には、それらの情報が集積され、関連のコーナーがあり、郷土のコーナーを幅広く充実させることがなによりも重要になってきます。

まちについて歴史的な事実を整理することも、まちづくりにとってはいわば基本的な作業です。先祖の生活の跡や、まちづくりへの取り組みなどを知ることは、まさに未来を創ることにつながるでしょう。

桜マップを作成

滋賀県甲西町図書館は発足当時、桜マップを作成しましたが、桜を所有する多くの関係者には不評でした。自分の家の桜が描かれていなかった住民から不平が出たものです。しかしこれは図書館側の作戦で、町民に描き込んでもらおうとしたものでした。三年目で不満もなくなったそうです。「みんなが作った桜のマップ」は、当然カラーで希望者に配布したというわけです。町の花のポイントが描かれたということで大成功のユニーク事業でした。

もう一つ、町内の自然風景を、植物や水溜りなど町内の姿をプロの写真家が取った写真集は、町民を感動させました。写真集に人の姿は一切なし。また樹木や植生、野辺の花などの美しい写真集は、大いに町民の興味を引きました、「この美しい光景は、町内のどこを撮影したものか」「アングルはどの方角か」など話題になった写真集でした。そこでこの「写真の場面を探す講座」を実施したところ、大勢の参加者が「町の美しさ探検」に出かけたといいます。写真集が興味を喚起し、みんなで探しつつ、環境の学習に発展していったものです。

ブックツーリズム・観光と図書館

「本」をキーワードにした観光振興もあります。桜の名所と言われる長野県伊那市高遠町は、城下町であり歴史と伝統を誇る観光地です。このまちを舞台に「ブックツーリズム」を創出する試みが行われています。都会から離れた小さな町に、古本屋や本に関する作品を作る作家などが集まり、コミュニティを形成したものです。

こうした試みやまちは、ヨーロッパには数多くみられるようですが、日本にはあまりありません。地域の魅力と本の魅力が結びつくと、新たな観光地が生まれる可能性があります。

日本では、高遠町に拠点を置く「本の町プロジェクト」が、有志たちで運営され、町を舞台に「高遠ブックフェスティバル」という本のイベントが開催しました。いわばこれは、「ブックツーリズム」ということができるでしょう。今後、読み聞かせ大会や、図書館めぐりや、取材に関する旅行なども考えられます。

3 ボランティアの育成――子ども図書館司書

図書館サービスとボランティアの役割

多くの社会教育施設では、その運営に関わるボランティアの養成にかなりの重点をおいています。本書の事例でも矢祭町の「もったいない図書館」の成り立ちは、全てボランティアの活動にゆだねられたものでした。現状でも、毎月十人前後のボランティアが日常的な活動に参加しているのです。

ボランティアは、図書館事業にかかわる多様な市民参加を意味します。それは参加者自身の人間的な成長や、生きがいづくりにつながるものです。施設側にとっては貴重な指導者の一人として、また、施設のスタッフとして住民に対峙するし、さらに運営の補助者ともなるものです。単に人的な不足を補うというだけでなく、ボランティア自身の生涯学習の場としての意義も大きいものです。今後、図書館職員等の資質の向上にとって、ボランティアにかかわる養成研修などを工夫することが求められます。

図書館サービスにとっても、ボランティアの果たす役割は大きくなりつつあります。図書館の開館時間が延長される場合など、ボランティアの活動が充実していることが前提です。現在行われている図書館サービスにおけるボランティアの役割には、次のようなものがあります。

ア．資料整備
イ．登録貸し出し・利用
ウ．レファレンスサービス
エ．児童・青少年サービス
オ．特定利用者へのサービス　障害者、子育て家庭　外国人
カ．学校との連携
キ．関係機関・団体との連携
ク．情報提供サービス
ケ．図書館職員等の資質の向上と教育・研修

ビブリオバトル

ところで、ボランティアによる児童・青少年サービスの活動の一つとして、ゲームのように楽しめる書評合戦「ビブリオバトル」が、大学や図書館で広まりつつあります。これは「人を

通して本を知る。本を通して人を知る」コミュニケーションの場として注目されています（立命館大学谷口忠大准教授の考案したもの）。勉強会を面白くし、いい本に出会う場にしようと発案したといいます。

方法は、まず発表者が五分でお薦めの本を次々と紹介します。次に質疑応答があり、投票を行います。一番読みたい本の紹介者が優勝ということになります。

ビブリオバトルは、平成二十二年には普及委員会が発足して読売新聞社などの協力で大学生らを対象とした全国大会「首都決戦」もありました。現在では七十人以上の委員が全国に普及にあたっています。今後、大学高校等の授業で活発になるかもしれません。

子ども図書館司書全国協議会

本を読む子と読まない子が二極化しているようです。子どもたちを本に親しませ、積極的に図書館に親しませ、読書のできる子どもを育成するために、さまざまな実験がなされています。

平成二十四年には「子ども図書館司書推進全国研究大会」（理事長・高信由美子）、「全国家読サミット」が開催、二日間で約一千三百人が参加し、読書活動推進の全国発信をしました。高信さんが図書館づくりのリーダーを務める矢祭もったいない図書館（福島県矢祭町）では、「子ども司書講座」を行っています。

「矢祭もったいない図書館」では、
「矢祭子ども司書」講座が好評

そのほか、「元気アップ子ども司書養成セミナー」（小山市立中央図書館　五～六年生）は、実習として、本の分類、パソコンによる検索、絵本の読み聞かせ、窓口での貸し出し、返却などを体験しています。読書の活動にリーダーに育て、本を読まない子に読書の楽しみを伝えてもらおうというものです。

埼玉県三郷市では「日本一の読書のまち三郷」を目指して、埼玉県三郷市内の児童を対象に、本の魅力を伝えるリーダーを育てるための「子ども司書養成講座」が開催されています。「全国うちどくサミットin三郷」を平成二十四年十二月に開催、講演や読書活動発表などで、大勢の人を集めました。

講座は小学校ごとに開催しているようです。第一期生丹後小学校五、六年生十三人が受講しました。司書の仕事や図書館の歴史など十一回の講座を組んでいます。こうした、子ども図書館司書の活動は、子ども自身に図書館を身近に感じさせ、同時に仲間に対する啓発などの成果を考えれば計り知れない効果があると思われます。

4 住民による地域資源の発掘と図書館

読書・研究グループの育成

図書館がまちづくりにおいて今後実施できることとして、住民による読書・研究グループの育成をあげることができます。グループの成り立ちは、図書館が開設する講座の受講生が自主的に作る場合と、図書館が設立まで世話をして手伝う場合が考えられます。それとは別にまったく市民側の同好者たちが、自主的に設立する場合が考えられます。いずれも市民が関心を持つ内容でなければ継続は困難と考えられます。

かつて、津市の同好会で「広田竜太郎に関する研究グループ」に出会ったことがあります。童謡「叱られて」で知られる広田竜太郎は、当時あまり文献も少なく研究は進んでいないということでしたが、このグループの研究によってその足跡がかなりわかってきたという話を聞いたことがありました。こうしたグループは時として、町の魅力を引き出すことが多いものです。いわば、まちづくりに貢献するグループが図書館から生まれる例も少なくないのです。

ふるさと歳時記の研究

郷土を愛する心を育み、身近な生活の良さを見直す活動は、まちづくりにとってもっとも基本的な活動であるといえます。近年、子どもたちに地域に伝わる風習や、冠婚葬祭の知識を伝える大人がいなくなったことが喧伝されています。図書館は、古い郷土の資料から、歴史、民俗資料など幅広い情報を蓄積している場であり、そのための過去の情報を発掘したり、整理したりする機能も期待されると思われます。

具体的に、地域に根づく冠婚葬祭の基礎知識など、日本人の歳時記について生活の基礎知識を学び、地域の語り部として養成しようと試みたことがあります。そして、ふるさとを愛する青少年の育成のために、家庭や地域で、ふるさとの生活、伝統を子どもたちに語れる大人が「ふるさと歳時」について学習し、改めて子どもに語ることを支援するものです。

実施団体は、ＮＰＯ法人全国生涯学習まちづくり協会と、自治体、公民館、団体などで、聖徳大学生涯学習研究所がこの事業をサポートしてきました。参加対象は、年齢、性別を問わず誰でも参加できますが、特に創年の活動として展開することに留意しました。

全国生涯学習まちづくり協会では、講座開設の方法、要請により、指導者の派遣、及び紹介・斡旋を行っています。事業は、教育委員会、公民館等が開設するほか、団体等でも開設することができます。研修内容として、「歳時記学習の意義・創年の役割」「冠婚葬祭の基礎知識」「ふるさとの行事・まつり」「ふるさとの教育伝承と言葉」などを、ワークショップを含めて、およそ十回程度の講座として実施しています。参加者は、ワークショップの一環として、図書館の利用等について検討し、工夫しています。

坂戸市公民館が発行した「ふるさとの歳時」

埼玉県坂戸市の入西地区公民館では、入西地区の年中行事について、「入西語り部の会」がグループで学習しました。近年、長い間伝承されてきた日本独特の年中行事が、いろいろな理由で廃止されたり省略されてきたことを憂い、次の世代へ伝えていく方法を、同じ思いの仲間たちが集まって調べたり、相談したり、勉強したことを冊子にまとめたものです。研究にあたっては、公民館講座で学びあっている市民の有志が図書館で調べたり、見学取材などでまとめました。和本として、手作りの冊子は約百冊完成し、市内の各学校の図書館に贈られています。

地域探検の方法とまちづくり「平成ふるさと子ども検地」

まちづくりの基本は、まず、地域を知ることから始まります。地域の自然、文化、産業など、あらゆる項目について学ぶというものです。現場を観察し体験し、記録するなどのほかに、図書館がその拠点としての役割を果たします。地域に関する情報を収集し、整理蓄積し、利用に供することが図書館にとって重要な役割になります。

特に子どもの地域活動では、「まちづくり」にかかわる事例も多く、その意義も見直されています。地域を探検し学ぶことは、地域に関心を持たせ、愛着を育てる上で効果があり、まちづくりにおいても基本となるものです。

全国生涯学習まちづくり協会が平成十五年から実施した取り組みでは、プログラム内容として、「まちづくりと地域探検の意義」「平成ふるさと検地が伝えるもの」「ワークショップ（実地研修・町を歩こう）」などで、具体的には次のような内容を学習しています。

・歴史的な遺産を見る　名所・旧跡　歴史のある家
・自然環境を見る　樹木、植物など
・街並みを見る　芸術の見える家、街路樹、ストリートファニチュア
・地域で活躍する人を発見する・訪ねるなど
・観察結果をまとめる（子どもが学習教材を作った例も）

これらの成果は、「マップにまとめる」「カルタづくり」「報告書づくり」などを通して、表現、発表が行なわれています。

地域の実態・歴史を調査した市民大学――名瀬市の事例

地域づくりに関連する事業として、図書館はどのような事業ができるのでしょうか。情報の宝庫であるという利点を生かして、まず地域の歴史などの資源を調べることで、図書館側からすれば、間接的にまちづくりに関わったということができるでしょう。

創年市民大学の中で、鹿児島県奄美市「名瀬キョラ塾」では、市のために大きな研究成果を発表し、市民を驚かせたこともありました。「名瀬キョラ塾」には、筆者も数年間関わったのですが、すばらしい実績を上げる集団でした。

その中で学習の一環として奄美の大島紬にまつわる各地の生産地、中継ぎ店、販売店などを、文献等を駆使してマップにまとめたことがありました。市民の学習で、ワークショップとしてグループでまとめたものでしたが、県内でも過去百年間作ったことのない資料であると激賞されました。図書館がまちづくりのスタートになっていると感じさせる稀有な場面でした。

あらゆる活動に、いつも図書館が、付き添うように協働で協力しているようであれば、図書館から、さまざまなものが生まれるような気がします。図書館がまちづくりのシンボルになる、それが文化的な町の基本的な条件であるといっても良いでしょう。

5 職業支援にも応用

生涯学習の課題に、仕事づくり

平成二十四年十一月二十三日、筆者は、韓国で国際生涯学習会議（ＮＩＬＥ）に招かれ、発表の機会を与えられました。テーマは「限界なき学習～生涯学習と仕事の世界～」でした。ユネスコ（ＥＵ）をはじめ、北欧、中南米地区代表、東アジア代表　韓国、日本の六つのレポートがあり討論されました。いずれも雇用不安、離職、失業問題など各地域が生涯学習で取り組むべき深刻な課題が報告されました。日本の生涯学習の現状を報告しながら、職業にかかる事業を抜きで趣味教養講座中心の事業のみでいいのか、大いに疑問を持ったことでした。

キャリア教育はこれからのわが国の大テーマです。まちづくりのなかに活発な仕事づくりも見られますが、改めて生涯学習の課題として職業教育、仕事づくり等、真剣に考えることが必要ではないかと思います。仕事づくり支援センターなどと連携する場面もあってもよいのではないでしょうか。

自治体が提供する学習は、現況では趣味教養の講座が中心で、「生活の向上」（職業能力の向上など）に関する学習はきわめて少ないことがわかります。公民館などでは、全事業の一％程度ではないかと思われます。他項でも述べたとおり、生涯学習における学習成果が広く社会に生かされることが求められています。

生涯学習の学習成果は「キャリアに生かす」、「ボランティアに生かす」、「地域の活性化に生かす」べきであると提案されています。

実際に、学習成果をボランティア活動や、まちづくり・地域の活性化に生かしている人は多いと思われますが、キャリアに生かすという例は少ないのが実態です。それは、社会教育法第二十三条の規定があるからです。この法では、「営利に関すること」は禁止されており、社会教育施設では行っていないのです。経験がないこと、スタッフが足りないことなどの理由から、研修そのものも行っていないのです。しかし学習は必要なはずです。

「年金プラス五万円」資格取得に関する学習の支援

今後のわが国の人口構造、産業構造の変化等により、また女性の社会参画（特に就労）、高齢期の就労が不可欠とされることを考慮すれば、学習成果が「キャリアに生かされる」ことは、ますます重要になると考えます。

そのためにも社会教育における職業にかかる学習が、今後、ますます必要になると思われます。図書館でもこうしたことを意識して、情報資料の収集や講座の開設など、市民に対する仕事づくりの機会を提供することも必要でしょう。

筆者は、これまで長年にわたり創年運動を提唱してきました（一二一ページ参照）。創年が高齢期を生きるために、生きがいづくりのために、地域の活性化のために、より長く働くことを勧めていますが、そのためには仕事づくりの学習が必要です。筆者は、そのためにコミュニティ開発や資格取得の学習を進めることを提唱し、「年金プラス五万円」と言うスローガンを掲げています。今後の人生においても、「年金だけでは食っていけない」と、何か学習して、できれば収入になればと、具体的な学習活動を提唱しているのです。

ところで、職業に関する学習として資格取得講習等の数は多く、日本における「資格」の数は三千以上あるといわれています。国家資格、各団体の検定試験や、民間資格、採用資格などのほかにも、民間団体が実施する認定資格も多いからです。

6 事例・図書館づくり戦略

社会教育から生まれた成功事例

生涯学習まちづくりの取り組みの中で、特産品づくりなどを学び、その成果を商品化して運営主体を企業化した例があります。社会教育が関わった職業（仕事）づくりで生まれた事例は、多くはありませんが、いずれも地域に雇用の場を生み出すなどの効果を上げているのです。その意味では、生涯学習の内容としても「職業」に関するプログラムは、今後、積極的に取り上げる必要があります。そのためには、各地の成功事例等を参考にすれば、次のような具体的な共通点を挙げることができるでしょう。

①有効な資格取得にかかる事項の学習
②市民大学などのプログラムに位置づける
③企業と連携した事業（教育委員会事業）
④コミュニティビジネスの研究

⑤ＮＰＯ・団体等と連携した事業
⑥キャリア教育とその推進に関する連携協力
これらは全て図書館において実施可能なものばかりです。

「ほんぽーと新潟市立中央図書館」の「ビジネス支援セミナー」

ほんぽーと新潟市立中央図書館の「ビジネス支援セミナー」は、「会社・業界情報」「起業」「就労・転職」「資格」「商業経営」「起業・経営相談会」を定例の事業（中小企業診断協会との連携）として行っているセミナーです。毎月一回の開催ですが、多くの市民が参加しており、成果もあげています。参加者の中には、会社立ち上げに成功した人も少なくないとのこと。行政が行う事業として、また図書館が行う事業として注目されているようです。

図書館でもビジネス講座

日比谷図書文化館では、「ビジネスマンのためのイノベーティブ・デザイン思考法」を開設しています。仕事帰りのサラリーマンのために、夕方六時に開設、講師は慶応義塾大学の教員たち。図書の閲覧、貸し出しだけでなく講座やセミナーなども開設しています。その一つ「日比谷カレッジ」は、サラリーマンを支援するために、コーチングや英語を学びなおすなどの内容も人気があるようです。

また、図書を中心に、早朝学習をしている例が東京都内でいくつか見られます。「論語」を読む会に参加したことがありますが、百人近くが会場からあふれ出るほど、学習をしていました。この傾向は、地方都市にも広がっているようです。

7　まちづくりに活かされる図書館施設の運営

人の集まるところに図書館設置、草創期の調布図書館

かつて、図書館は、史跡や公園の一角にひっそりと重厚に立っていたイメージがあります。しかし今日では、市民に近く便利な場所に設置される例が増えています。かつて東京都調布市図書館が、日野、府中とともに図書館御三家と呼ばれた時代がありました。当時、調布市図書館長の萩原昭三さんが、「買物籠をさげて図書館へ」という本を書かれたころですが、当時は、まさに調布市図書館の発想はまちづくりそのものでした。駅前や、幼稚園、保育園など、もっとも利用しやすい場所に図書館を設置すべきという当時の館長の意見が活かされました。

図書館のない町でまず重点を置いたのは、読書サークルの育成でした。そのサークルの発表会には、小さな会場で廊下にあふれるばかりの参加者が集い、会場の熱気を演出しました。ゲストとして招かれた市長は、思わず「この地区に図書館を創ります」と地域に約束してしまいました。幼稚園の二階を図書館にするなどの工夫は、子どもたちが成長し、その後の多くの若

者の読者を育てるのに効果をあげました。すると二番目に熱心だった地区に第一号図書館が誕生したことから、第一の地区が黙っていません。こうして市民運動が盛り上がり、次々と、図書館作りに結び付けて成功していったといいます。人々の心や、首長の心理を読んだ作戦が成功して、図書館が出来上がっていったのでした。市民の身近なところに存在する図書館が、最大の狙いであったのです。

県都の駅前の複合施設　山梨県立図書館

山梨県の県庁所在地、甲府駅北口に面するところに立地する図書館。県立図書館ではこれほど駅に近い県立図書館は他にはないでしょう。県民の知的交流の拠点として、また県民の交流の場として、今では甲府市の顔としても市民自慢の施設になっています。

実は筆者は、この県立図書館の建設にあたって生涯学習審議会委員として、この建設推進に協力していたことがあります。当時駅前に設置することについては強い反対もあって、意見が二分していたようでした。当時の新聞に、筆者は、県外出身の委員だったこともあって、この設置場所について駅前設置推進の訴えに賛同したことがありました。その図書館が大きくにぎわっていることを耳にするたびに安堵するとともに、開かれた県民図書館を目指していることを応援したい気分です。

館内には、映像資料等を加えて約八十万点を収蔵しています。館内の「サイレントルーム」は約四百席以上が配置されており、静かなスペースなので市民の人気を集めています。ここから自動車文庫「みどり号」の運行や、一坪図書館運動、山梨県に関する多くの郷土資料を受け入れて集成する甲州文庫など、市民に能動的にサービスする図書館の姿を見るようです。

デパートの中に図書館「さいたま市中央図書館」

浦和市駅北口にある「浦和パルコ」の八階に「さいたま市中央図書館」があります。何しろ人気のデパートと同居しているわけですから、あまり図書館に足を運ばなかった女子高生や主婦の「気楽に図書館に通っている気分です」という声が印象に残っています。そのほかにも、青森駅前「アウガ」の六〜九階「青森市民図書館」、岡山県津山市の百貨店・天満屋と図書館など、デパートと連携している図書館が増えています。これらは、デパートと図書館が相互に集客力を期待したものと言えるでしょう。

個々の自治体の財政力の事情があるにしても、事業の中でも図書館が協力している例が増える傾向にあることは、当然といえるでしょう。同様なケースでは、図書館と公民館、公民館図書室の同居もありますが、具体的に連携しているかといえば、疑問符がつく例もあります。

施設の複合化・インテリジェント化の例　プリミエール酒々井

図書館と他の施設との複合の場合はどうでしょうか。具体的に施設の複合化・インテリジェント化をめざす例が多いようです。千葉県酒々井町は人口二万四千人。大型アウトレットモールの完成や、インターチェンジの完成など、田園都市にも活気が見えてきました。公民館の体系的な講座「青樹堂」など、活発な生涯学習活動が注目されるまちです。町の文化ゾーンの中心の瀟洒な建物「プリミエール酒々井」は、役場、公民館と並んで図書館、文化ホールが並び、生涯学習拠点として住民に親しまれています。施設のハード面を工夫して、新しいサービスを創出するために、「施設の複合化」や「インテリジェント化」という試みもここでは見事に機能しているようです。

特色ある施設づくりはまちづくりの視点で――小矢部市民図書館「おとぎの館図書室」

小矢部市民図書館「おとぎの館図書室」は、市民図書館の分館として平成九年に開館。今では、親子連れの集まる場として人気のスポットとなっています。蔵書二万二千冊の児童書の専門館で、ユニークなデザインの外観は、地域の風景にマッチしたつくりになっています。小矢部市はもともと市内各所の公的な施設が、世界の有名建築を模した建物群で全国的に知られる町です。施設を見ると、まず「語り部の部屋」では読み聞かせ紙芝居が行われています。絵本作りや絵画教室を行う「工房」「アリスの部屋」と呼ばれるスクリーンつき部屋は、映画教室で活用されています。(平成二十五年四月十三日付　読売新聞夕刊「小矢部市」)

町並みにマッチした図書館――豊後高田市立図書館

過疎で空き店舗が目立ち人通りもまったくなかった大分県豊後高田市。人口二万人の小さなまちで、「昭和」をキーワードとしたまちづくりで、画期的な賑わいを創出しています。計画は平成十三年からスタートしました。昭和三十年代を再現・保存した町並みと官民一体のもてなしの実現で、年間四十万人が訪れる町になり、今では九州でも指折りの、よみがえったまちとして来客が殺到している場所です。

この町に市立図書館が開館しました。瓦屋根の家並みにマッチする形で、図書館も町の風景に溶け込むような和風の建物になっています。明るく大きな開架スペースには、郷土の歴史から絵本、紙芝居まで多くの資料を配置していますが、大人のスペースと子どものスペースを特色付けています。資料はICタグで管理され、自動貸出機・予約棚・自動返却機を導入しています。飲食もできるロビーもあり、イベントや展示を行う交流スペースとしても活用されています。町の風景におさまり、町の風格をかもし出す図書館の光景は、市民に大きな自信を植えつけているものと思われます。

ユニバーサルデザイン・長崎市立図書館

ユニバーサルデザインとは、障がいのある人の便利さや使いやすさという視点ではなく、「障がいの有無に関わらず、全ての人にとって使いやすいように、はじめから意図してつくられた製品・情報・環境のデザインのこと」（知恵蔵二〇一三）。「文化、言語、国籍の違い、老若男女といった差異、障がい、能力の如何を問わずに利用することができる施設・製品・情報の設計（デザイン）」（ウィキペディア）。つまり全ての人々のためのデザインを意味しています。最初からできるだけ多くの人が利用可能であるようなデザインのことです。

長崎市立図書館は、明るくわかりやすい空間構成、館内施設の配置や方向が見渡せるデザインで、フラットなフロア、案内にピクトグラム（絵文字）や点字を使用の他、介助のための機能がついたトイレなど誰でも気軽に自由に、公平に利用できる施設になっています。文化研究室、芸術文化ホール、展示場など本格的な施設の他に情報コーナー、市民活動コーナー、まちづくりコーナー等が整備され、屋上緑化、壁面緑化（緑化ルーパー）、太陽光発電、雨水利用システムなど、地球環境に配慮した設備が整っていて、画期的な町のセンターになっています。

バリアフリーに配慮する

ハンディキャップに対応して、バリアフリーの視点で、社会教育施設を整備することは、常識になっています。もちろん利用者の多い図書館は、もっともその対応が必要とされるところです。図書館を身体障がい者、高齢者など身体面で弱い立場の人も、ハンディを気にせず容易に利用できるような、明るく親しみやすい施設にすることは当然です。今後は、もっと細密に階段、スロープ、エレベーター、トイレ、車椅子の駐車場、受付など身障者に対する細部における配慮が不可欠です。平成三十二年東京パラリンピックの開催を期に、あらゆる面でバリアフリーが進むでしょう。

伝統的な施設の活用・東京都北区図書館・赤レンガ倉庫

図書館本来の魅力に加えて、外観や、歴史、風格、雰囲気など、イメージで図書館が人気を博している場合があります。東京都北区図書館の場合は、都の重要文化財という建物を図書館にしています。街の風景からも風格からも、図書館がまちの名所として絵になる建物に人気があります。

東京都北区図書館は、レンガ倉庫としても知られています。赤レンガ倉庫は、旧陸上自衛隊十条駐屯地七二七号棟だった施設です。大正八年建設、北区の近代産業の歴史や当時の建築技術を知るための貴重な資源であるといえるでしょう。市民の自慢の図書館は、まちの歴史も自慢できるようになるかもしれません。文化イメージを高める施設を工夫したいものです。

8 新しい動き——管理運営の方法

図書館PFIのしくみ

社会教育施設に対して民間の活力を利用してより事業効率を高めようとする試みが広がっています。まだ、多くの理解を得ているわけではありませんが、実際にすばらしい実績を上げている例も数多く見られるようです。「ＰＦＩ」とは、「プライベート・ファイナンス・イニシアティブ（Private Finance Initiative）」の略。民間の持つ経営力、資金力、技術力を活かす会社資本整備手法です。公共・公益施設等を民間企業が設計し、資金調達、管理運営まで一貫して民間の資金力と専門性を活用する手法です。設計・建設会社、建物の管理会社、図書館運営会社、金融機関等が連携して、ＰＦＩ事業会社を設立し事業全体をすすめます。自治体はＰＦＩ事業会社と「ＰＦＩ事業契約」を結び、毎年サービス対価を払うことになります。利用者（市民）は、司書など専門家を擁する図書館運営会社からサービスを受けることになります。

PFI導入のメリット

PFI導入のメリットとしてどのようなことが挙げられるのでしょうか。自治体にとっては、なんと言っても民間事業者のノウハウの活用により、事業機関全体のコスト縮減が可能となることです。また、自治体は民間事業者の提供するサービスを購入する形で事業費を払うため、財政支出を平準化することができます。実際の事業にあたって発生するさまざまなリスクも、民間事業者に適切に移転されていることで、行政（公共）にとっては予測不可能な責任を負う危険が減少します。

民間事業者側のメリットは、新規事業獲得の機会が得られることです。PFIの導入により、公共施設の整備・管理運営事業等が民間業者にゆだねられるため、新規事業獲得の機会がもたらされます。新たな資金調達手法（プロジェクトファイナンス等）が取り入れられます。そのため、新規金融市場が創出され、日本経済の活性化に寄与することが期待されるとともに、利用者のメリットとして、サービス向上が期待されます。

また民間事業者が施設の運営等を行うため、利用者へのサービス向上が図りやすいといわれています。たとえば図書館の場合、開館日数の拡大や開館時間の延長など柔軟な運営が可能であり、実際に利用者からは圧倒的に支持されているようです。

新しい動き・指定管理者制度

全国の公共図書館数は三千二百三十四館。年間五十館のペースで増加しています（日本図書館協会　平成二十四年四月現在）。個人への図書の貸し出し冊数も図書館数に比例して七億一千四百九十七万冊と、前年度より百二十一万点の増加に転じています。一方、自治体の財政難から図書購入費は、十年前より約六十億円減少しています。

そこで行政のスリム化と民営化の一環として、公的施設については指定管理者制度がありま す。民間事業者や団体、ＮＰＯなど、適切に運営できる団体等を指定し、公的機関施設の管理運営を委託するもので、年々増加しています。実際の現場では、利用者にとってはサービスの向上が実感されている場合も多いようです。図書館でも夜間の開館延長など、市民の支持を得ている場合が多くみられます。

指定管理者制度は、全国各地の図書館運営の選択肢のひとつとして、近年、大きく広がりつつあります。それだけにその内実が、厳しく問われるものです。

ＴＲＣ図書館流通センターの場合

自治体からの図書館業務受託先の事業者として、地域に密着した図書館作りに今、急速に貢献している企業があります。ＴＲＣ図書館流通センター（ＴＲＣ）は、今では図書館界に広く知られ、新しい管理・企画の事業所として急速に発展しています。ＴＲＣは、昭和五十四年に出版界の総意により社団法人日本図書館協会整理事業部の業務を継承する形で設立されました。これからの図書館のあり方に沿った、新しいシステムの導入やサービス向上に取り組み、まちづくりにも大きな影響を与えています。また、司書資格を有する人など多くの専門家集団を擁しており、全国の自治体から受託を広げています。今日、ＴＲＣの活動が急速に発展しているのは、いわば、図書館のあり方を含め、現代社会に広く受け入れられる要素があることを示しているようです。

また情報化社会の進展に伴い、従来のカードによる検索が書誌データベースによる検索へと進化し、図書館の機能は格段に向上、利用者サービスも飛躍的に高まりました。利用者が求める情報を図書や雑誌、電子資料やウェブなどから探し出す「レファレンスサービス」においても、図書館スタッフが情報処理、情報検索をする際、ＴＲＣでは、図書館サービスを円滑に動かすために、独自の図書館専用データベース「ＴＲＣ ＭＡＲＣ」（注）を作成し、提供しています。
また、図書館への図書流通も大きく変化し、出版流通の新しい形態として図書館専門の流通業が誕生したものです。これまでは、新刊図書が図書館で利用者の前に並ぶまで、たいへん時間がかかりました。ＴＲＣでは、ＴＲＣ ＭＡＲＣを活用した図書館専用総合物流システムを確立、選書・発注、在庫の確保、装備、納品にわたり、さまざまな独自のシステムを提供し、全国の受託先図書館で活用されています。

（注：ＭＡＲＣ Machine Readable Cataloging の略で、機械可読目録＝コンピュータ処理可能な書誌情報）

まちづくりに果たすＴＲＣの機能

「まだまだもったいない、図書館の本当の実力」というキーワードが、いきなり筆者の気持ちを代弁してくれました。ＴＲＣパンフレットには、「自分で問題を解決できる自立した人々は、地域の活力の源です。図書館は自立した人々をつくり、地域は彼らに支えられて成長します」と述べられています。「活用しないともったいない」を解決する三つの要素を「場」「人」「図書」として、それぞれ「図書館の集客力を地域の活性化に活かす」や「専門のプロを育てる」や「必要な本がすぐ見つかる」を目指しています。これらは、現代の図書館に求められていながらもっとも弱い部分です。ＴＲＣが急成長している一端を知ることができます。

ＴＲＣのメリットは､図書館利用者へのサービスの向上､運営コストの削減の直接的なメリットがわかりやすいことです。また、その結果、地域への文化的、経済的なメリットを、実際に感じさせているところに感動させられてしまいました。

指定管理の議論で必ず話題になるのは職員の資質の問題です。責任ある運営と、職員のプロ意識、技術、情熱などについて危惧されています。

平成二十五年春、筆者は友人の紹介もあって初めてＴＲＣを見学し、谷一文子社長（現会長）にお会いする機会がありました。移転前でしたが、整然とした中でスタッフの対応もすばらしいものがありました。一人ひとりが、高い自覚と自信にあふれているように感じたものです。社長は、予想に反して物静かな、ごく普通の女性という感じでした。この大機構を動かす豪腕な傑女、というイメージとは程遠い若くてやさしそうな、お母さんと呼ばれそうな女性でした。図書館に深い愛情を持つ専門家であり、内心ほっとしたものでした。

ＴＲＣでは、人材育成策の研究も進めており、指定管理者制度の受託に備えて、図書館長の人材を養成するために､大学と協働で養成講座を実施しています。平成二十五年八月一日現在、ＴＲＣが受託する図書館は、公共図書館三百八十三館、学校図書館十七自治体・組織（三百十三校）、となっています。ＴＲＣは全国最大組織であり、今後大いに期待される企業と改めて思うことでした。

9 図書館職員の資質向上と研修

社会の変化に対応して図書館を改革するには、図書館職員が意識を改革し、自身が持っている図書館の古いイメージを払拭することが必要です。と同時に、図書館が住民の学習や地域課題の解決に貢献できる力を持っていることを、アピールする能力を身に付けることが求められます。そのためには、研修において、地域社会の課題やそれに対する行政施策、手法、地域の情報要求の内容、図書館サービスの内容と可能性を学び、情報技術や経営能力を身につけ、さらにコスト意識や将来ビジョンを持つことが重要です。図書館に数多くのボランティアが活躍しつつある今、専門職として一段上の資質が必要でしょう。そのためにも、今後は、図書館職員の研修、リカレント教育に一層力を入れるべきではないでしょうか。

図書館職員の研修にあたっては、

(1) 体系的な研修プログラムの作成

(2) 論文レポート、ワークショップ形式等の研修方法の導入

（3）その実績の評価・認定する制度の検討が必要です。リカレント教育では、社会人大学院での学習も奨励されるべき、と言う提案もあります。

ホテルのような接客・図書館サービスを

熊本市駅前にある高層ビル「くまもと森都心プラザ」の「観光・郷土情報センター」をのぞいてみました。ここには多目的ホールなどもあり、市民の活動の発表の場になっています。このビルの三、四階が「くまもと森都心プラザ図書館」になっています。

制服のベストとスカーフの図書館司書の女性たちは、市民のちょっとした話題になっており、従来の図書館のイメージと異なっています。特に来館者への対応は一流ホテル並みの動きです。もちろん、優れた図書館機能もあるところから町のシンボルにもなりつつあります。

他機関団体との連携事業・施設間のネットワークの改善

図書貸し出しについては、図書館間の相互貸借などが行われていますが、図書館と他の施設、機関・団体との連携も重要です。これまでは図書館は、単独で事業を推進することが中心でした。しかし、図書館は、地域住民の生涯学習を推進する社会教育施設であることにかんがみ、地域の社会教育施設や社会教育団体等と連携することが極めて重要になります。

学校や、公民館、博物館、議会、商工団体や医療・福祉団体等の公的機関のほか、自治会・町内会などの住民団体、ＰＴＡなどの社会教育団体、ＮＰＯなど、さまざまな機関・団体等と日常的に連携することが求められます。そうすれば図書館単独で事業を行うよりは効果があるものです。そのためには、日常的にこれらの団体との情報の交流や、関連図書を充実させることを配慮する必要があります。逆に、これらの団体機関の事業も、図書館との連携により、さらに幅広く充実した事業として展開できるのではないかと思います。

社会教育施設のソフト面を工夫し、施設内部を活性化させる試みとして、「施設間のネットワーク」や、「施設ボランティア・学習ボランティアの活用」等が、各地で活発化しつつあります。

公民館図書室

公民館の特色として「公民館図書室」があります。図書館の未設置のまちでは、公民館図書室がその代わりを果たしてきました。また、図書館建設の機運を盛り上げてきた、いわば図書館のスタートに当たる施設とも言われてきた施設です。

公民館図書室の蔵書規模等はあまり大きくありません。一般的に貸し出しはせず、もっぱら公民館事業の補助教材として機能している場合が多いようです。しかし、公民館においては、まちづくりの活動が日常的に行われているところから、地域の市民活動に関する情報、行政計画立案に必要な資料、環境ガイドブック、観光資料など、地域の資料については十分にそろっていることが必要です。市民団体を支えていることで、市民が手づくりで作成した資料などが整備されている図書室は、それだけでまちづくりに大いに貢献します。小さなサークルの文集や、学校の学校新聞、学級文集まで収集しているものもあります。

公立が及ばないサービス・民間図書室

東日本大震災の被災地で、民間団体による図書館活動が活発になっています。公立図書館が被災したのを受け、子ども向けの本をそろえたり、車を使った移動式で運営したりしてNPOが支援、復興のための活動をしています。岩手県大槌町では、廃校を活用した仮設図書室などが話題を呼んでいます。

「ちいさいおうち」は、岩手県陸前高田市にオープンした子ども図書館です。陸前高田市立図書館は津波で全壊。蔵書も大半が流出しました。盛岡市で子ども図書館を運営するNPO「うれし野子ども図書室」が支援に乗り出し、「ちいさいおうち」を設立したものです。

こうした活動を早くから支援指導している「東京子ども図書館」など、民間には、公立が及ばない独特の、また全国的な活動をしている民間図書館の存在が大きいのです。さまざまな資料室、読書を推進する民間の取り組みも見られます。

そのほか、社会人の有料自習室の増加や、資格取得熱の高まりに対応するため、池袋にアカデミーラウンジが開店しています。出勤前や帰宅前に勉強したい社会人の利用が見込まれます。

「貴社も図書館のスポンサーになりませんか」

東京の台東区立中央図書館など、今、全国各地に広がっている試みとして、図書館に設置する一般雑誌の購入費用の負担を、民間企業に負担してもらおうとする動きもあります。図書館には、購入しきれないほどの雑誌もあり、経費節減もあって企業の協力を得ようとするものです。スポンサー料は、雑誌の定価と同じにし、区内の企業や商店などに社会貢献活動の一環として参加してもらうとしています。この取り組みが、これまでになかったということが不思議なぐらいです。

10 大学との連携

大学図書館の開放の意義と現状

大学の図書館は、本館、分館、分室など、全国に約一千二百六十四館程度と言われています。学生にいかに積極的な学習を進めるかという問題意識から、各大学の図書館では、その充実を図る動きが目立っています。

大学図書館は、これまで学術資料の収集・保存・提供を主たる目的としてきました。過去の遺産を未来に受け継ぐための貯蔵庫の役割を果たしています。私立大学の半数は定員割れの時代なので、多くの大学は生き残りを掛けて、その特色作りに努力しています。改革も大学アピールの手段となっているように思われています。

もちろん、学習の場として大学図書館は、教育の質を高める中心として今後ますます充実を迫られています。現状では、大学図書館の地域への開放は、十分とは言えませんが、コミュニティのセンター（ＣＯＣ）としての役割が期待される大学としては、市民への開放と、そのた

めの公立図書館や、行政との連携などの課題が山積しています

国立大学は、情報公開法の施行により開放されていますが、利用は学生、研究者等が中心で利用しにくいところもあるようです。都道府県段階では、大学図書館、県立図書館、市区町村図書館との連携が進んでいます。千葉大学では、図書館を「知的刺激満載の場」の理念のもとに、講演も、議論も、音楽もできるホールに整備しています。もちろん授業との連携も考慮して「アカデミックリンクセンター」を発足させています。学生は、指定書を読みながら授業に参画するのです。また、学内には子ども図書館があり、保育課程履修の学生にとっても利用されています。

市民に公開され、利用されている大学図書館では、信州大学付属図書館分館などがありますが、私立大学ではまだ少ないようです。そのなかで、立教大学ラテンアメリカ研究所図書室などは公開されており、地域の人々に親しまれています。早稲田大学図書館、慶応義塾大学福澤研究センターなどは、在校生に利用が限定されていたり、登録制・会員制であったりします。

山手線沿線私立大学図書館コンソーシアム（青山学院、国学院、学習院、明治、法政、明治学院、立教の八大学図書館）、多摩アカデミックコンソーシアム（国際基督教、津田塾、東京経済、国立音楽、武蔵野美術の五大学図書館）など、大学間の資料の相互貸借や学生の相互利用などが定着しています。開かれた図書館への挑戦ともいえるでしょう。

聖徳大学図書館

聖徳大学図書館と生涯学習社会貢献センターの例

東京聖徳学園の聖徳大学図書館は、創立七十五周年記念事業として再建した最新の施設を誇る自慢の図書館です。学生の授業に活用するゼミ室や、ホール、ミュージアム機能など、多様な大学の授業・活動に対応できるようになっています。

大学には、筆者が勤務する生涯学習社会貢献センター（生涯学習研究所）が、駅前に立地していますが、その中の「ＳＯＡ」（聖徳大学オープンユニヴァーシティ）では、年間約五千人の社会人が、公開講座で学んでいます。

また、学内には大学の創始者に関する資料や、芸術、文学などの全国的な資料などを所蔵する博物館も設置されています。生涯学習社会貢献センターが生涯学習センターの公民館的な機能を有しており、全国でもユニークな生涯学習機能を有する大学として知られつつあります。これらは、いずれも大学が地域に学習機会を提供する意図を持って開設されているものです。この講座の受講生については、「大学図書館の利用」が特典として認められており、受講生からは「大学の学生並みの対応をしていただいています」と好評のようです。そのほかにも、卒業生、学園の園児・児童・生徒・学生及びその保護者、ＳＯＡの会員などが自由に利用できることになっています。

「坊ちゃんとマドンナちゃんの子どもの絵本館」（東京理科大学・森と記念館一階）

東京理科大学・森と記念館に、科学絵本、図鑑など約一千冊が配架されています。近隣の保育園や幼稚園、小学校などにも連携して図書館を開放しているためです。

東京理科大学の藤嶋昭学長は、「大学に童話の図書館を創りたいと考えました。近くの子どもが母親と一緒に来てくれれば」と話しています。ミリオンセラーの童話や科学絵本を中心にそろえてあるといいます。今では、地域の人々も、利用するようになっているようです。大学が、直接高校生を対象とせずに地域の親子をターゲットに子ども図書館を創ったという狙いはさすがと思わざるを得ません。将来を見据えた大学の確たる姿勢が、伝わってくるようです。

管理も運営も学生主体・山梨大学付属図書館の例

大学図書館の地域への開放にあたって、大学に独自の工夫も見られます。通常の図書館運営のほかに、学生が参画して効果を挙げている例があります。

山梨大学付属図書館では、学生が、図書館管理も運営も主体的に行っています。図書館に付属している子ども図書館には、学生と利用者の親子でにぎわっているようです。大学に子ども図書館がオープンしたのは平成十四年。大学と地域との交流を深めること、学生が実践的に学べるという狙いです。学校や幼稚園の教師を目指す学生中心に、学生ボランティア四十人が図書館にかかわっています。約四千冊の子供向けの本もあり、女子大生の読み聞かせなどが魅力で、親子に大人気と報道されています。運営は学生たちが行っていて、子どもだけでなく、保護者や図書館とのふれあいも体験できるとして、学生たちも張り切っています。

図書館寄付講座・TRC図書館流通センター

大学が、指定管理者制度の適用に備えて、その人材育成に努力している場合があります。図書館経営管理者養成のために、TRC図書館流通センターは、「図書館流通センター図書館寄付講座」の開設について、筑波大学大学院図書館情報メディア研究科に委嘱しています。具体的には、同大学大学院の正式講座（図書館経営管理コース）として開講することを大学側と合意しています。今後、こうした寄付講座などが増加していくものと思われます。

第7章　今後、行政に期待される具体的方策

1　まちづくりの中心に図書館があるまち

人々のあらゆる生活の場面に対応する図書館が、人々の生活を、町を豊かにします。図書館が人々の学習の援助をするためには、様々なメディアにわたる多様な資料と、人々の学習ニーズとを結び付けることが必要です。そのためには、次のような配慮が欠かせません。

分館、自動車文庫、一坪図書館のような小規模な場所を多数設定することや、公民館図書室や、民間の図書館施設との連携協力などにより、かなりの効果があげられるものと思います。

郵便局を拠点に小さな図書館を

全国に二万六千ヵ所も存在するという郵便局も生涯学習の拠点としたり、創年のたまり場や学習の場になりうるのではないでしょうか。地域に親しまれ、地域を知り、住民の生活の場に存在する郵便局では、指導者としての郵便局長にも大きな期待を持てるのではないでしょうか。なかでも一坪図書館風の新しい拠点にふさわしいと思われます。

2 まちの情報拠点として市民に役立つ図書館

　また、図書館は、開館、閉館時間などの工夫によって、市民の図書館利用を広げている例が数多く見られるようになりました。郷土資料、行政資料の充実や、まちづくり関連コーナーの設置、関連事業として、観光、商工、福祉医療・健康情報サービスの充実、ビジネス支援サービスも期待されます。

　また、図書館の利用促進をするために、市民が集い、ともにふれ合い親しむ図書館にする工夫も大切です。そのためには、一般向け各種講座・イベント等の開催、子供向け親子講座などを活発に行い、特に読書と連動した講座は今後ますます多様化し、活発化させたいものです。文学作家の作品を読み合わせたり、作家の話を聞くことなど楽しみが増えるはずです。こうした図書館利用に関しては、図書館側と利用者側との協働により、推進することが必要です。

ようこそ都立多摩図書館へ　東京マガジンバンク児童・青少年資料サービスの例

都立多摩図書館は、一万六千タイトルを所蔵する雑誌、児童青少年向け図書が約十八万冊もあり、都内の子どもたちの生涯学習の支援拠点として知られています。毎年「東京都子ども読書活動推進資料」を作成し、学校や生徒、保護者に配布しており、子どもの読書を推進するセンターとして、読書を通じた青少年育成に地道な活動を続けています。現場の指導者から高く頼られる指導資料などは、図書館以外になかなかみられないセンターと言ってもよいでしょう。

3 すべての市民に優しい図書館

図書館をバリアフリーとして身体障がい者、高齢者などが容易に利用できるような、明るく親しみやすい施設にすることが不可欠です。換言すれば、特定の利用者へのサービス（障がい者サービスの充実、子育て世代へのサービス、高齢者サービス、来館困難者へのサービスなど）を配慮することが求められます。図書館が、利用者を待って本を貸すという昔のイメージから逆転し、本を利用者に届ける発想が求められます。

また、海外からの移住者も増えていますが、自治体の実態に合わせて、多文化のさまざまな利用者へのサービスも、今後は欠かせないでしょう。せめて図書館には、少なくとも近隣諸国の図書館書コーナーもほしいところです。

専門知識と技能を備えた人材を配置

小中高校図書館については、専任の司書を配置し、連携することが求められます。地域や学校との連携を進め、豊かな心をはぐくむ場として、図書館と幼稚園・保育園との連携、大学、市内公共施設との連携、市民との連携、地域文庫会との連携などが必要です。まちづくり、市民活動のセンターとしての役割・機能も期待されます。

また、図書館には、生涯学習社会における公共図書館の役割を意識している専門職員（図書館司書）が配置されることが何よりも大切です。市民ボランティアは、司書に代わるものと考えず、あくまでも生涯学習の一環として、独自の役割を開発することが必要でしょう。必要な人材を養成することや、他機関・団体で協力することなども研究する必要があります。専門的な人材として、必ずしも常勤の正規の職員でなくとも、専門性を有するボランティアが必要に応じて活躍することも工夫したいところです。

まちづくりは人づくり

まちづくりの終局の目標は、人々が、人間的に生きる、人間形成に資することができるようにすることです。まちづくりは「人づくり」であるということは、一つには、このことを指しています。もう一つは、優れた町には優れたリーダーが存在するものです。したがって、まちが活性化するためには、有能なリーダーを養成することが早道です。これも「まちづくりはひとづくり」ということです。そして、そのリーダーづくりにしても、図書館はあらゆる研修機関と連携することが効果的でしょう。

館名や事業名にも工夫を　各地の事例

「致道図書館」は、山形県鶴岡市の朝陽小学校の図書館です。個性を重視した旧庄内藩の藩校・致道館にちなんだもの。学校全体で共通の認識は、学力の基盤は読書からということで、専任の司書教諭の活躍もあって山形県内でも知られる図書館です。「図書館オリエンテーション」、「上級生による読み聞かせ」、「お話と音楽の集い」、「読書祭り」など、学校行事にもすべて図書館が位置づけられています。こうしたきめ細かい取り組みの学校であり、図書館利用のモデル校になっています。

大阪府河内長野市「青教学園中、高校」は、「調べ学習」も熱心な学校で全国的に知られていますが、学校図書館に「リブラリア」という名称がついており、その名が知られるというのもいいものです。きっと学校図書館の位置づけが高いのでしょう。学校図書館を愛称で呼ぶこともいいものです。学校でも工夫してみたらいかがでしょう。

岩手県花巻市では、地元出身の宮沢賢治で地域活性化をしようと「賢治まちづくり課」を設置しています。まちには賢治の作品にまつわる建物や光景が残っています。童話「黒ぶだう」

で仔牛と赤狐がしのびこんだ公爵別邸のモデルとされる旧菊池邸や「銀河鉄道の夜」で主人公の少年ジョバンニが歩いた小学校から活版所までの道があるまちです。担当課はまず宮沢賢治を学ぶことから始めました。そして市民に賢治を知ってもらうための事業を展開しています。賢治関連の施設やイベントを網羅したカレンダー作成、市民団体と共催する劇や音楽祭などを実施しています。住民や観光客が、宮沢賢治を感じられる「イーハトーブ（理想郷）」づくりのために、市民と行政が一体となってまちづくりに取り組んでいるのです。そのスタートが本であり、図書館であることは言うまでもありません。

図書館活用が義務づけられた公民館講座

千葉県酒々井町の公民館講座「青樹堂」なども、昔から地域にあった寺小屋の名称をつけたもので、非常にユニークです。この中の師範塾では、自己学習を深めるために、図書館活用を中心に、独自の調査研究をすすめています。

市民団体を育てること

市民が主役のまちづくりをすすめるためには、市民の創造的な取り組みが必要です。まちづくりは、本来、市民が主役であることが前提になっています。そのためには、例えば、市民団体そのものが充実することが必要です。その際、もちろん行政による適切な支援や助言が不可欠であり、地域活性化の団体・塾などの自主的な団体を育てることです。そのためには、行政が指導者養成や、研修の機会を充実させることなどが大切です。

こうした市民団体は、時には行政より専門的な情報をもっている場合があります。しかもボランティアとして活動しているだけに、社会的な説得力も強いものです。行政職員が異動などで三年程度の周期で変わっていくのに対して、市民団体には、その道十年以上取り組んでいる人が少なくありません。こうした自主的な地域活性化塾を育てることが、何より大切なことでしょう。

まちづくり団体が行っていること

筆者がかかわる「全国生涯学習まちづくり協会」でも、今後、子どもの読書活動推進の活動を充実させたいと、活動の柱に図書館、読書活動を加えることを検討しています。その一つとして、「子ども里学塾」という子どもの地域学構想のなかに、「平成子どもふるさと検地」という事業を全国約百ヵ所で実施してきました。これは、伝統文化の継承、外国語（英会話）とならぶ図書館活動、読書活動として位置づけることにしているものです。これらは活動のほんの一部に過ぎないのですが、多くは図書館を拠点にすれば、より効果が挙げられるものです。

このように考えれば、生涯学習施設としてまちづくりに最大の効果をもたらす図書館について、改めて研究する必要がありますし、見直すことが大切ではないかと思います。

市民の学習とまちづくり研究組織

優れた市民の育成は、まちづくりの終局的な目標です。そのためには、市民が、いつでもどこでも学びやすい環境をつくる必要があります。学びやすい環境として、公民館、図書館、博物館などの社会教育施設が整備され、十分に機能しているということが不可欠です。いわゆる「生涯学習まちづくり」という活動です。そのためには、例えば、モノだけでなく専門的な職員(ヒト)が配置されていること。もちろん、それらにかかわる市民ボランティアが活動している状態も重要な要素です。

こう考えてみると、まちづくりの第一歩は、まず市民に学ぶ意欲があるということです。市民が自ら学ぶという学習の内容は、市民自らが選んだ内容で、時間も制限もなく柔軟に学べばよいのです。スポーツ、音楽、演劇、絵画、歴史探訪、絵画、絵本作り、写真、環境保護、民俗学など、町中に多彩な研究を行う人が存在しています。その全てに図書館は応えられるのはいうまでもありません。

参考事例・NPO法人全国生涯学習まちづくり協会

全国的なまちづくり運動を推進する団体として、NPO法人全国生涯学習まちづくり協会があります。各地に規模の違いはありますが、支部単位で幅広い活動を展開しています。NPO法人全国生涯学習まちづくり協会は、平成元年に、文部省が主催した全国生涯学習フェスティバルの事業のボランティアによって、全国生涯学習まちづくり研究会として結成されました。平成十二年にNPOとして認定され、まちづくりと生涯学習の推進に関する研究と実践を通じて、個性豊かなまちづくりをめざす団体として再スタートしました。

会員は、一般市民、まちづくり担当行政職員、大学等研究者、教育関係職員、団体職員、ボランティア地域指導者などで構成されています。そのうち、一割がNPO法人全国生涯学習まちづくり協会の一員として登録されています。全国各地で全国大会レベルの研修会、大会等を実施するなど、活動の範囲は全国にまたがっています。それらの参加者は、年間およそ一万人に達しています。

ＮＰＯ法人全国生涯学習まちづくり協会・（研究会）の組織と事業

全国生涯学習まちづくり協会の目的を達成させるために、その活動は、学習・交流だけでなく指導者養成、国際交流、研究開発、青少年問題、高齢者対策など広範多岐にわたって以下のような事業を実施しています。

（１）会員相互の交流と研修
①地区別の生涯学習まちづくり研修会・フォーラムの開催
②「全国生涯学習まちづくりフォーラム」等の開催

（２）まちづくりボランティアの養成　認定資格事業を実施
①地域アニメーターの認定資格講座の実施
②まちづくりコーディネーターの認定資格講座の実施
③「旅のもてなしプロデューサー」制度

（３）青少年の健全育成の事業の実施
①子どもをほめよう研究会運動の推進
②子どもを主役にする運動の推進
③地域探検「平成子どもふるさと検地」の実施、地域マップづくり運動の推進
④ふるさと歳時語り部講座の実施

（4）創年運動の推進
①「創年のたまり場」の設置
②「創年市民大学」の開設
③創年の仕事づくり、資格取得講座の開設など
（5）研究・出版事業
①教材の作成、出版図書、ビデオ教材等
②大学との共同研究
③民間団体、市町村の事業の委託事業の受託
（6）生涯学習国際交流
①「日韓生涯学習まちづくりフォーラム」の開催
（韓国の生涯学習フェスティバルにおいて隔年で実施している）
（7）会員への情報提供と相談
①季刊誌「ＨＯＷまち」の発行
②ホームページの運営　「列島めぐり合い」

各地での会員が地域での活動を展開することが基本です。会員は、市町村に集まり、さまざまな活動で生きがいづくりに役立てる団体と連携しています。

ＮＰＯ法人全国生涯学習市町村協議会の設立

全国生涯学習まちづくり研究会に加盟し結束していた、生涯学習に熱心な市町村（自治体）長を中心に、全国生涯学習市町村ネットワーク協議会が平成十年に結成されました。そして当時の文部省の意向も反映させた形で平成十一年に、「全国生涯学習市町村協議会」として正式にスタートしました。生涯学習において日本の中で先進的な自治体が結束したものです。協議会の結成以後、「生涯学習まちづくりフォーラム」の開催、「職員研修セミナー」の実施などが行われたほか、文部科学省の委託を受けて、調査研究などを実施しています。

しかし、平成十六年以後、全国的に行財政改革の一環として市町村合併が推進され、かつて三千百八十あった市町村数が一千八百まで大幅に減少しました。そのため協議会に加盟している団体は、平成十九年七月現在で百四十に、平成二十五年には百団体となっています。

職員にまちづくり担当者を

平成二十五年十月、ＴＲＣ図書館流通センターと全国生涯学習まちづくり協会は、横浜市パシフィコ横浜を会場に、まちづくりの視点から図書館を考えるという、初めての研修大会を開催することになりました。今後、全国的な広がりの中で、毎年数ヵ所で開催を継続することが検討されています。

筆者が知っている図書館人は、総じて図書館のプロばかりです。むしろプロすぎるといえるほど図書館にどっぷりと浸っているといえるほどです。熱意もあって、専門家ばかりです。図書館に命を賭けるといってもよい人が多いようです。夢を持って司書になっているわけですから当然です。しかし、行政全般には関心を持たない人もいます。予算や議会や、他機関との連携や、人を動かさなければならない部署は苦手な人かも知れません。

検索やレファレンスは、いまやインターネットを扱えば誰でもできてしまいます。司書のもっとも専門領域とする部分ですが、これが専門でなくてもできる時代ですから、さらに幅広い知識、判断力、調整力など新しい専門領域が必要になるでしょう。そこで図書館職員にこれからは、まちづくりにも、地域の集団にも、企業誘致にも商店街の活性化にも、つまり町で起こる事象に関心を持っていただきたいと思うのです。図書館職員に聞けば何か違う意見をいただけるかも知れないと、期待され、市民に頼られるような職員が存在したらいいと思うのです。まちづくりにとっては、町の未来に一言いえるようなスタッフも期待したいのです。図書館が市民の「知」の集積の場であるとすれば、そういうことを期待したくなるのです。

たとえば、図書館職員として、図書館にまちづくり担当者を配置したり、その逆の人事を配置することも一計でしょう。司書だけでは、あるいは図書館人だけでは見えない発想が、まちづくり担当経験者にはあるかも知れません。行政担当者だけでは、図書館の存在自体が焦点の当たりにくいことがあるでしょう。人事異動で大刷新してよみがえった図書館も少なくありません。その例が、昭和五十年ごろ鹿児島県教育委員会と県立図書館の間で、行われていました。

図書館職員も地域に飛び込もう

図書館職員は、地域の実情を明確に把握していることが大切な資質の一つです。図書館にしか関心のない図書館人が多い時代がありましたが、プロすぎて学習者から離反する場面もありましたし、他の行政職員からは敬遠される向きもあったような記憶があります。

まちづくりの委員に図書館職員が加入することも重要です。これまで、まちづくりを考える会議や研究会に、図書館関係者が加わっていることが少なかったように思われます。まちづくりの助言者が、情報を駆使している図書館職員というのもすばらしいと思います。

自分が住んでいる町には誰でも関心があるはずです。司書も、町の都市計画や、部課事業や、商工業の事業などにも関心を持っていることが必要です。町のあらゆる情報は、本だけでなく人の意見や記録や世間話の中にもあるのです。たとえば町の動きに本当にもっとも詳しいのは不動産屋です。あらゆる情報に耳を傾け、接することが必要でしょう。

また、観光協会、社会教育団体など他機関団体との連携を深めることが求められます。またそうしたときに、情報提供の専門家としては、他団体等との調整をすることもあるでしょう。

そのために、調整力、コミュニケーション能力を高めておかなければなりません。
まちづくりの目標の見直しをする必要もあります。商店街の活性化はもちろん大切です。そのために、企業誘致も必要です。しかしそればかりではありません。企業誘致ばかりがまちづくりではないのです。町の文化的な教養力を高めることや、環境を守り美化することもあるでしょう。さて自分たちは何を目指すのか、目標を明確にすることが求められます。それにはまず、職員の自己研修が必要です。

失われつつある人間同士のつながり——新しい公共の担い手の「居場所」と「出番」を

今日、人と人との会話も少なくなり、親子の対話も少なくなり、子育てに悩む親が増えるなど、互いに助け合う人の心が失われつつあると指摘されています。そしていじめや非行、自殺の増加などが、大きな社会問題になっています。日本のコミュニティや家庭までもが崩壊している現象をかんがみ、大人自身が今一度、読書に重点を置くことが求められています。筆者が見聞し、研究に訪れた多くの自治体では、それぞれの目標でまちづくりに必死に取り組んでおり、市民団体など民間でも、あらゆる工夫をしながらまちづくりに貢献しようと努めています。その意味では、日本のまちづくりは、今、確実に「市民が主役」になりつつあり、新しい転換期に入っていると言えるでしょう。

おわりに

魅力的な図書館があるまちは、それだけで町の魅力が出来上がっていると言えます。魅力的なまちには、いい図書館があります。したがって、まちづくりにとってはまず魅力的な図書館を創るべきであるという単純な発想なのですが、本書を書いているうちに、とても追いきれないほど多くの魅力的な図書館があることがわかりました。そして多くの図書館人が必死にその運営にかかわっていることを再認識しました。

執筆にあたって、十数年前に行ったことのある図書館を加えて、できるだけ筆者が直接見聞した図書館を取り上げたつもりですが、実際はまるで知らないということだけ自覚させられました。とはいえ、本書でご紹介した事例はほんの一例ですが、魅力的な施設はまちを動かすということを、あらためて感じました。本書は、本文でも登場された多くの人々のご協力で完成したものであり、ここに改めて感謝いたします。筆者の気持ちのまま一気に書いたものですが、まちづくりの担当者等にとって、図書館をめぐって話題になれば望外の喜びです。

すばらしい図書館が、あらゆるまちに整備され、日常生活に定着する日がすぐ近くにありそうな気がします。

福留　強

図書館をめぐる国の動向

■「民間資金等の活用による公共施設等の整備等の促進に関する法律」（平成11年法律第117号《いわゆるPFI法》）

地方公共団体は、地域の実情を踏まえ、住民サービスとしてより効果的な運営方法を選択することとなりました。

■「子ども読書年」（平成12年8月）

国は子どもの読書活動を支援するために、平成12年を「子ども読書年」とすることが衆参両議院で決議されました。平成12年5月、国際子ども図書館が開館し、子ども夢基金では、民間団体の行う子どもの読書活動等を支援しています。

■「公立図書館の設置及び運営上の望ましい基準」（文部科学省告平成13年7月）

図書館法（旧）に基づき定められた基準で、公立図書館の設置や図書館サービスの計画的な実施、資料・情報情報の収集、関係機関との連携、職員の能力向上等について規定しています。

■「子どもの読書活動の推進に関する法律」（平成13年）

平成13年12月に、議員立法による「子どもの読書活動の推進に関する法律」が成立、公布・施行されました。この法律は、子どもの読書活動を推進し、基本理念を定め、国及び地方公共団体の責務等を明確にし、国が「子どもの読書活動の推進に関する施策についての計画」を策定、公表すること、地方公共団体が「子どもの読書活動の推進に関する施策についての計画」を策定・公表すること、4月23日を「子どもの読書の日」とすることなどを定めました。

■「子どもの読書活動の推進に関する基本的な計画」が閣議決定

法律の基づき、「子どもの読書活動の推進に関する基本的な計画」が閣議決定されました。この基本計画は、全ての子どものあらゆる機会のあらゆる場所において、自主的に読書活動を行うことができるよう、積極的にそのための環境の整備を推進することを基本理念としています。平成14年から18年までの5年間にわたる具体的な方策を明らかにしようとしたものです。今後この基本計画に基づいて、子どもの読書の機会の提供、関係機関や、民間団体等が連携協力した取り組みの推進、社会的な機運の醸成のための普及・啓発の取り組みが期待されています。

■「子どもの読書活動の推進に関する基本的な計画」(平成14年8月閣議決定)

「子どもの読書活動の推進に関する法律」(平成13年法律154号)に基づき策定された「子どもの読書活動の推進に関する基本的な計画」においては、図書館は子どもの読書活動を推進するための読み聞かせ等の実施、ボランティア参加の促進、障がいのある子どもに配慮するサービスの充実などが求められています。都道府県及び市町村は、それぞれ「子ども読書活動推進計画」が義務付けられています。

■指定管理者制度の導入

平成15年の地方自治法(昭和22年法律第57号)の改正に伴い指定管理者制度が導入されました。そのため、地方公共団体が直接運営するほか、民間事業者を含めた法人その他の団体による公の施設の管理が可能になってきました。

■「地域の情報ハブとしての図書館～課題解決型の図書館を目指して～」（図書館をハブとしたネットワークの在り方に関する研究会　文部科学省　平成17年1月）
公立図書館は、地域社会における情報蓄積及び情報発信の拠点として、地域公共ネットワークに積極的に参画することが期待されており、地域住民の多様な生涯学習活動を推進していくうえで、主要な担い手となることが求められています。地域の自立を促す21世紀型社会にあって「知」を循環させる拠点として、多種多様な資料や情報が集積する公立図書館を「ハブ」とした、地域公共ネットワーク整備が必要不可欠なものであると提言しています。
■「文字・活字文化振興法」（平成17年7月施行）
文字・活字文化振興について、国や地方公共団体の基本的な責務を定めるとともに、地域における文字・活字文化振興にあたっては、市町村は必要な数の公立図書館の設置や適切な配置に努め、国及び地方公共団体は、司書の充実等の人的体制の整備、図書館資料の充実など　必要な施策を講ずることが定められています。
■「これからの図書館像～地域を支える情報拠点をめざして」（これからの図書館の在り方検討協力者会議（文部科学省・平成18年4月）
「公立図書館の設置及び運営上の望ましい基準」施行後の社会や制度の変化、新たな課題等に対応し、地域を支える情報拠点としての役割を果たしていくために、「これからの図書館サービスに求められる新たな視点」と「これからの図書館経営に必要な視点」から、新たな図書館像について提言しています。
■「子どもの読書活動の推進に関する基本的な計画」（第二次）（平成20年3月閣議決定）

「子どもの読書活動の推進に関する法律」（平成13年12月施行）に基づき、第一次計画の成果や課題等を踏まえ、読書を通じた子どもの健全育成について公立図書館における子どもの読書活動推進のための取り組みや機能強化等を規定しています。

■「図書館法」（平成20年6月改正）

教育基本法の改正を踏まえ、図書館が行う事業に、学習の成果を活用して行う教育活動の機会を提供することを追加しています。また、図書館の健全な発展を図るために、図書館の設置および運営上望ましい基準を新たに定め、これを公表することとしたほか、公共図書館運営の評価と改善、ならびに運営状況に関する積極的な情報提供について新たに規定しています。

■国民読書年（平成22年）

日本で平成20年6月6日衆議院・参議院での全会一致による「国民読書年に関する決議」に基づいて制定されました。「文字・活字文化振興法」の制定・施行5周年にあたる平成22年が指定されました。

■平成11年「子ども読書年に関する決議」を衆・参両院で採択。平成12年を子ども読書年とした。

■平成13年「子ども読書活動の推進に関する法律」を立法化

■平成17年「文字・活字文化振興法」を制定

《参考資料》

1．女満別図書館のしおり
2．「美しい田園の町　学びと地域活性化へのチャレンジ 生涯教育のまち宣言・金ヶ崎の力」 悠光堂
3．独立行政法人国立青少年教育振興機構調査「子どもの読書活動と人材育成に関する調査」
4．緑ヶ丘女子高校パンフレット
5．「生涯学習まちづくりの方法」 福留強　日常出版
6．「図書館の学校」 平成25年春号　公益財団法人　図書館振興財団機関誌　平成25年3月
7．「学習成果を幅広く生かす」
8．「十勝大百科事典」 十勝大百科事典刊行会編　北海道新聞社　平成5年5月
9．「志布志創年市民大学　H24報告書」
10．「地域の再生は矢祭町に学べ」 彩流社　岡本青
11．「生涯学習のまち～地域活性化のくふう」 全日本社会教育連合会　平成8年7月
12．東松島市図書館要覧
13．「エコミュージアムの形成過程と開設の手順」 福留強 聖徳大学生涯学習研究所紀要10号　平成24年3月
14．「子どもの心を育てる～子ども育成の活動と方法」 福留強　日常出版　平成14年1月
15．「農村と読書」 家の光協会　平成21年
16．文部科学省広報
17．「朝の読書が奇跡を生んだ」 林公・高文研編集部　高文研　平成8年12月

18.「母と子の20分間読書」椋鳩十著　あすなろ書房　平成2年6月
19. 毎日新聞　平成21年5月4日　一坪図書館
20.「図書館の風にふかれて」梅沢幸平
21. 全国生涯学習まちづくり協会機関紙「HOWまち」梅沢幸平（滋賀県立図書館長）
22. 全国生涯学習まちづくり協会機関紙「HOWまち」豊栄市教育委員会
23.「千葉県立図書館の今後の在りかた」千葉県教育委員会　平成23年12月
24.「もてなしの習慣～観光まちづくり～」福留強　悠雲舎　平成23年3月
25. ふるさと歳時「坂戸の年中行事～入西を中心にして」入西語りべの会編 坂戸市入西公民館 平成22年3月
26.「平成子どもふるさと検地～全国子ども地球探検活動（検地）」NPO法人全国生涯学習まちづくり協会　平成18年4月
27.「日韓生涯学習まちづくり交流～NILE生涯学習国際フォーラム記録」NPO法人全国生涯学習まちづくり協会　福留強　平成25年2月
28.「図書館へGO！」読売新聞夕刊　平成25年4月13日
29. 豊後高田市立図書館パンフレット
30. 長崎市立図書館パンフレット
31. TRC図書館流通センター　パンフレット
32.「これからの図書館像～地域を支える情報拠点を目指して～報告」これからの図書館のあり方検討協力者会議　平成3年
33. まち研資料

[著者紹介]

福留　強（ふくどめ　つよし）

聖徳大学名誉教授・生涯学習研究所長、ＮＰＯ法人全国生涯学習まちづくり協会理事長。

昭和 49 年鹿児島県教育委員会、昭和 52 年国立社会教育研修所主任専門職員、文部省社会教育局、生涯学習局社会教育官、平成５年九州女子大学教授、聖徳大学生涯教育文化学科教授を経て現職。

現在、現職のほか内閣府地域活性化伝道師、全国生涯学習市町村協議会世話人。千葉県生涯学習審議会会長、千葉県社会教育委員会議議長など自治体の役職多数。指導等で関わった自治体は約１千。まちづくりボランティア制度や「創年運動」「観光まちづくり」を提唱。

日韓生涯学習まちづくりフォーラムの恒常的開催に日本側の代表として尽力。

主な著書　『いまこそ市民改革を～生涯学習時代の生き方』（文芸社）、『子どもの心を育てる』（日常出版）、『市民が主役のまちづくり』（全日本社会教育連合会）、『子ほめ条例のまちは変わるのか』（イザラ書房）、『創年のススメ』（ぎょうせい）、『もてなしの習慣～みんなで観光まちづくり』（悠雲社）など。

図書館がまちを変える
発展する生涯学習都市の姿

平成二十五年十月二十五日　初版第一刷発行
平成二十五年十二月十五日　初版第二刷発行

著　者　福留　強
監　修　NPO法人全国生涯学習まちづくり協会
発行者　永島静香
発行所　東京創作出版
〒二七一―〇〇八二
千葉県松戸市二十世紀が丘戸山町五三―一
電話　〇四七―三九一―三六八五
装　丁　板橋真子
印刷・製本　ベクトル

ISBN978-4-903927-22-0　©2013 printed in Japan